蕭蕭禪文化散文

禪心釀蜜

蕭蕭 著

目次

輯二 風雪雲水 六三

目次

目次

特輯　詩話禪緣

〔推薦序〕

以最柔軟的心，走最堅實的路

蔡榮婷

彰化縣社頭鄉朝興村的武秀才三合院，游方相士偶爾從這兒經過，喃喃自語說道：「龍邊出賢人。可惜！可惜！一生吃菜命。」當時正在院落裡劈柴的父親，將此事原原本本的轉述給他，年少的他自此立志成為賢人。

森羅萬象、現實人生以及由無數時空交錯而成的生命長河，隨著浩瀚經籍鋪陳開展，互相貫串融合、流轉滲透。他，穿梭在這既簡單又複雜，既短暫又悠長，既純淨又汙濁，既安寧又冷冽的人世間。他，凝視古聖堅毅卓絕的道履行跡，聆聽先賢振聾啟聵的棒喝晤言。他駐足、同行、參與；他觀察、體驗、深思。他向哲彥大儒、古聖先賢提問，向蒼莽天地、森羅萬象提問，也毫不留情的向自己扣問。他跨越時空、藩籬，與哲彥大儒、古聖先賢、蒼莽天地、森羅萬象犀利對話，更走向內心深處，與自己機鋒相對。

達摩祖師從遙遠的域外，冒著極大的風險泛海來到中土，臨終前要求弟子們各自呈現他們對於禪法的領悟，並依他們四人所言，給予皮、肉、骨、髓的印可。世人總以為四者之中「髓」是最高境界，他卻對此存疑，凝思：若只有「髓」，那麼「髓」將依附何處？原來，「披一張皮的，不是達摩真傳。只敲骨髓的，也非達摩真義。」皮、肉、骨、髓，必然相互依存，沒有唯一獨存的聖人。森羅萬象各自獨立卻又相互依存，這才是達摩禪法的奧義。

六祖慧能初聞「應無所住而生其心」，心弦震動，有所啟悟。奔赴湖北黃梅山參禮五祖弘忍後，五祖為其解說《金剛經》，至「應無所住而生其心」處終於徹悟。他依循《金剛經》原文「應如是生清淨心，不應住色生心，不應住聲音味觸法生心，應無所住而生其心。」細思這句經文的深意，他說「不要在任何一件事物上停留、堅持、固執……而且，還要在任何笑過哭過的地方生清淨心！」心不在任何一處駐足停留，這比較容易理解，但是如何在「無所住」的狀態下「生清淨心」就不是那麼容易理解。他舉「慧能沒伎倆，不斷百思想，對境心數起，菩提作麼長。」作為註腳，「對境心數起」的「心」是小偷偷不走的那輪明月，是唇邊燦爛的微笑，是以生命的溫熱回應生命，是碗裡每一粒米特殊的風味，是照破山河萬朵的神珠，是春在枝頭已十分的那枝梅花；是風月自在，是隨蜂蝶飛舞，是水到渠成，是春來花開，是花在舊時紅處紅；在蓬勃的自然生機裡，菩提恣意滋長。

馬祖道一禪師喝令弟子放下分別、思辨的心，放下心中那堆根本不存在的柴。一物不取，還要放下什麼？趙州和尚說：「那就把一切都挑起來吧」。他駐足沉思：放下放下，連「放下」的念頭也放下，身與心都處在無邊無際的自在裡。放下身段，高興時縱懷大笑，悲痛時聲淚俱下，放下身心內外種種分別，不就可以與森羅萬象和合同塵，與亙古長空同肩並行。

南泉和尚藉斬貓破除兩堂和尚心中的物執；丹霞禪師劈焚木佛的同時，也劈盡自己心中迷障與執著。他凝視斬貓、劈佛的快刀利斧，心有所感：南泉斬貓是否也陷入助弟子去幻識真的執著？千百年後的我們，卻陷入惋惜那隻貓的迷執。類似這樣的迷障，像是繫我縛我的長索，斬也斬不盡。他問：「是誰綁住了我？」、「我們能找到那根繫縛我們的繩子嗎？」他說：「曬曬腦海裡的觀念吧！」看看活生生的這個人、活生生的這個社會。秉持二祖慧可「立雪斷臂」的決然之志，斬斷那根自我設限，自釘藩籬的長索，開啟永夜閉鎖的心門。看開了、看淡了、看空了，任萬象欲進則進欲出則出，無所謂該或不該；隨萬事駐留或不駐留，徘徊或不徘徊。心開了，那無瑕無疵、無翳無礙、湛然清澈的「自性」，才能透出光明，透出的光明才能充滿人天之間。心開了，我心與他心會通，人心與物心交融，活活潑潑的生命泉源，無所不在，觸目即是。

他以最柔軟的心，走最堅實的路。為雷霆震震、風雲詭譎的昏昧世間，留住一片璀燦燈火。

蔡榮婷教授

曾任中正大學副校長。學術研究領域：中國佛教文學、唐宋文學、中國古典詩詞、中國古典小說、禪宗文學、禪宗文獻等。

〔推薦序〕

茶熟香溫且自看

羅文玲

金佛茶香莊嚴有韻

時序「寒露」，頗有「菩薩清涼月」湛然的清淨。靜靜喝杯茶，讓茶香溫潤舌底與心間，是生命彌足珍貴的記憶！

一輪明月在深秋慢慢向圓滿靠近，清秋，夜涼如水，收到來自武夷山的岩茶「金佛」，那溫柔的茶與幽蘭的茶香，心靈滿足而喜悅。

金佛產自白雲岩，白雲岩峰頂有白雲禪寺，我曾經一步一步拾級而上登白雲岩峰頂白雲禪寺，沿著石階緩步而升，旁邊就是白雲岩茶區。白雲岩，在九曲，高入霄漢，因常有白雲繚繞其間而得名。上有白雲洞、白雲庵，還有呂東萊讀書處等遺址，並有「極樂園」等題刻，在山上可眺賞九曲平川及群峰秀色。白雲自去來的自在，亦如閱讀蕭蕭老師的禪文化散文，自在白雲的意象頻繁出現。

虔敬的沖泡白雲岩「金佛」，當茶香與喉吻相遇瞬間，可以撫平所有波動，靜靜地與心對話，清楚平靜的思緒，能在圓滿與缺憾之間流動，心靈如金佛佛光撫觸靈魂般，寧靜祥和，有靜謐的能量通過，香氣芬芳。感覺到喝茶的幸福。疼惜的心對待一款茶，這款茶同樣以美好回報於你，交心的幸福，這樣的茶香適合靜靜品讀蕭蕭老師的禪文化散文。茗香繞於指尖，滋味醇甜，我也奉上一杯茶供於佛前，金佛獨自香著他的香。

愛茶人，在不知未來的那時堅持著自己的認為，艱苦與變動依然願意安靜地做著她覺得有意義的事，或許堅信是金子一定會發光的，修行是光彩奪目之前的必修課。金佛得經過一定時間的轉化和沉澱再品飲，方可體驗到真正的本味。金佛，具有年份感的一款茶，人間萬事萬法因緣生，我在靜靜的秋夜，品「金佛」，這經過歲月沉澱的陳茶，大氣中包含溫柔，大氣溫柔讓我感悟秋天喝茶的恬淡與茶的內在能量，在喝茶當下就是喝茶，喝金佛也安頓了身心。

喝金佛品讀蕭蕭禪文化散文，直率、深情、豁達，閱讀到蕭蕭面對生命困頓與轉折，依然有保持慈悲的胸懷。生命的苦難都可以如過往雲煙，名聞與利養，都能「縱一葦之所如，凌萬頃之茫然」那樣自在面對。

一輪明月在天，一缽「金佛」在手，閱讀禪文化散文，仰視天地之間圓滿的佛法，感受到此心安處，即是吾鄉。

老鐵觀音醇厚沉穩

幾次隨蕭蕭老師及愛茶人阿利、榮婷老師一起喝茶，口腔喉腔胸腔中滑動，如同雲煙繚繞的山間小徑，帶我穿越時光，與大自然對話。

我們飲過福鼎白茶，品過安化黑茶，喝過武夷岩茶，在品味每一種茶的時刻，彷彿置身恬淡如畫的山谷中，我感覺聆聽蕭蕭文章，就如同茶湯的味道呈現出清淨、智慧與醇厚感。

一者文心清淨。

清淨如白茶，那盈潤如雨露的清香，輕柔地舞動在空氣中，彷彿流轉著春的氣息。它如一汪明亮的溪流，溫潤而純淨，滋養著心靈的花園。每一口細細品嘗，都是與自然對話的契機，感受大地的饋贈。

二如智慧澄清。

智慧如老鐵觀音，彷彿深夜中的明月，散發著一種神秘而獨特的韻味。它沉穩而濃郁，帶著歲月的滄桑和歷史的厚重。每一口潤澤喉吻，似乎就能聆聽到歲月的悠長回響。老鐵觀音，是時間的見證者，也是我們內心深處智慧的印記。

三是醇厚回甘。

武夷岩茶，大自然的禮物。在那片險峻的岩石之中，茶樹倔強地生長，從中提取的茶葉充滿了獨特的礦物質和濃郁的岩石氣息。每一口舐舔，都是與大地的靈氣相融合，感受到山林的精神力量。武夷岩茶如同一座古老的寺廟，靜靜地守護著歲月的秘密。

閱讀禪文化散文，如同品味茶的過程，不僅滿足了味覺的享受，更是與自然、與歷史、與人文的交流。每一杯茶都是一次心靈旅程，讓我們遠離喧囂的塵世，回歸內心的寧靜。在這個繁忙而紛擾的世界裡，就是將心靈帶回那片恬靜的茶山，與大自然共舞，與古老智慧對話的美好時刻。

珍惜每一次的茶席，珍惜與文字對話的心靈盛宴，讓人遠離塵俗，沉浸於寧靜與智慧之中，將瑣碎的憂慮拋諸腦後。

品讀文章同一起喝茶對話是一種心靈的提升修行，讓我學會傾聽自己的內心，感受生命的美好與深邃。隨文入觀的引領，接觸到博大精深的中國茶文化，瞭解禪的意境和生命哲學，老鐵觀音一般讓我們醇厚沉穩。

八卦山茶氣息活潑

金秋，清涼的季節！

蕭蕭的文學禪，每一篇都有豐盈的心靈能量潤澤，「心靈能量」就是當你跟一個人在一起，可以不怖不畏，不憂不懼。可以放心讓他做自己，心裡清楚知道他也會放心讓你成為你自己。心靈能量更像是一種價值觀，或生命厚實度。我們年輕時，心都淺淺的，一點點什麼就波瀾壯闊，到了中年，有了一定年紀，歲月的洗禮，心會愈來愈厚愈醇，就算有人拿湯匙去攪，也不會翻倒，生命過程中遇見擁有心靈能量的老師是非常幸福的事。

佛教經典《維摩詰所說經》。維摩詰，是一位在家出家的居士，雖奉持沙門卻有妻有子、遊戲人間、廣大神通、辯才無滯、智慧無閡，為人說法，自渡而渡人。「欲行大道，莫示小徑」，「欲得淨土，當淨其心」等等著名語句，就是維摩詰所說。在中國古代維摩詰的人生態度與生存方式為眾多士人所效仿，如魏晉士人、王維、蘇軾等。因其所處時代環境、個性特徵不同，他們所嚮往的「維摩人生」也有其各自不同的特色。《維摩詰經》中說：「若菩薩欲得淨土，當淨其心；隨其心淨，則佛土淨。」

讀《禪林覓花》、《禪花釀蜜》，喝八卦山上四季春，亦如穿越時空遇見當代維摩詰，淡淡的喜悅與清涼在金秋空氣中、你我的生活流動。

「霜落蒹葭水國寒，浪花雲影上魚竿，畫成未擬將人去，茶熟香溫且自看。」彷彿明朝詩人李日華也正看著未來的我們在閒適的畫境裡。

二〇二四寒露寫於九龍江邊

羅文玲教授
閩南師大創意寫作中心主任

輯一 花樹潭影

芹菜的行蹤

「我是芹菜。」

有沒有想過一棵小樹、一株小草竟然跟你表白心意？「看到嗎？我的葉子是羽狀複葉，開白色小花喔，我們是一年生、二年生的草本植物，你看我的莖多直啊！我的莖和葉都可以吃，而且還有一股清香咧！」

有沒有想過：這些話是經由電腦打字列印在紅色的紙上？芹菜也會選擇醒目的紅紙來列印哩！芹菜也會使用電腦。

「我是芹菜。」我喜歡這樣的芹菜。

如果你也想見識這樣的芹菜，恐怕來不及了，因為現在站在南山中學正德大樓穿堂石階前的，已經換成綠番茄了！綠番茄說：「我是綠番茄。」那種語氣親切得像是我們新來的鄰居，還帶著笑意，那笑意親切得像不久以前站在這裡的芹菜，你不自覺也會跟著微笑說：「我是蕭蕭，我是圓顱方趾哺乳類動物，我的肉暫時還不可以吃，要等個三、四十年以後再說。」

「我是蕭蕭，我的肉暫時還不可以吃。」說不定芹菜也喜歡這樣的人。

很多人會注意今天的綠番茄，可是我卻會懷念那一株小芹菜，小芹菜哪裡去了呢？

來了又走了的風，哪裡去了呢？雲的行蹤在哪裡？我吐出來的那一口氣飄向何處？春，會在哪裡與我相遇？我心中那時時湧生出生命活力的春，還會在哪個巷口等我，為我留下什麼樣的線索？

大約出生在北宋寧宗慶元初年的羅大經，「其言以紫陽為鵠，學術治道多有發明，而不離王道。」（明代葉廷秀語）他的《鶴林玉露》錄有一首女尼悟道詩：

盡日尋春不見春，芒鞋踏遍隴頭雲。
歸來笑拈梅花嗅，春在枝頭已十分。

我們不知道女尼何時何地人，但她跟我們一樣尋找心中的理想，這裡碰碰那裡觸觸，這裡聞聞那裡嗅嗅，何處才有希望，哪裡才是理想，生命的春天擁有什麼樣的面貌？芒鞋踏遍，歸來，才發現春已十分。春，就在枝頭。尋春不見春，因為我們都是一直一直往外尋求。芹菜就在這裡，綠番茄就在這裡，生命就在這裡，我們也一直在這裡，生命與生命就這樣互相認識，這樣容易互相認識。我們在尋找芹菜的行蹤，卻忽略了綠番茄的存在；我們在尋找春天的信息，卻忽略了芹菜的生命活力；我們在尋找芹菜、綠番茄的生命活力，卻忽略了自己未爆發的潛能。春，就在心頭。

我喜歡學校綠化組長提供一盆活生生的植物讓我們認識，跟我們對話。

我也喜歡女尼經由嗅覺發現春在枝頭。

我更喜歡學芹菜說：「我是蕭蕭。」讓人家因為我發現自己生命的春天。

——原載二〇〇一年二月三日《人間福報·覺世副刊》

不疑桃花

幾天來天氣乾冷，陽臺上栽植的綠植物延宕了澆水的時間，拉開窗簾，扦插一年多的柳枝出現了枯黃的葉子，我趕緊推開落地窗，細細剝除乾枯的柳葉，拉出塑膠水管噴灑一番。樹葉上沾濡著水珠，這樣的圖像是世間的美景之一，我喜歡仔細端詳：那潔淨以後的綠，那不時滾動的水，那因喜悅而顫動的樹枝，那種感覺彷彿人間有滋潤，有溫暖。如果是雨後的綠葉，似乎是天上的雨跟地上的樹窸窸窣窣輕聲交談的痕跡；如果是人工澆灌的樹叢，似乎是人與樹對話的紀錄，應該有音樂從那裡旋生而起，應該有彩虹在那附近閃現。

這兩枝柳枝是插花時被丟棄的背景花材，想起讀高中時在員林、埔心之間的柳橋附近，沿著柳溝划著木舟的青春往事，柳條隨風款擺的美麗風情，我隨手撿起柳枝，順手將她插在陽臺小小的假山後，如果她真的是有生命的楊柳，她會款擺出我高中時代的柳橋風情，如果不是，她原是要被丟棄的花材，我也沒有虧待她。哪知道這一扦插，只不過是一年多，枝條原是牙籤一般的細，如今已是筷子一般的粗，可惜我不能給她一片土地，要不然她將是玉立亭亭、丰姿綽約的妙女郎。不過，終究她是盡職的，這些日子她一直撩撥著風，讓我透過玻璃看見風的存在，彷彿有蕭蕭的聲音在窗外旋舞。

最近，我在教學生讀豐子愷（一八九八～一九七五）的〈楊柳〉，他說楊柳跟其他的植物不同，別的樹一直往空中發展，楊柳卻是唯一低垂著自己，尋根不忘本的植物。我不知道楊柳有沒有這樣的道德修養，但我覺得她比較有美學的氣質、哲學的體悟，那樣自然的垂放自己，放鬆自我，隨世事而飄飛，隨風而款擺，漫不經心的迴蕩而依然保有自己曼妙的身姿，可上可下，忽焉在左忽焉在右，卻也在風過後依然笑著自己的笑，這樣神清氣閒的氣質和修持，或許不是其他信奉儒家的植物所能體會。

楊柳畢竟是楊柳，一年多來，幾回我看見她因為缺水而條黃葉落，幾回我發現她在沒人注意時又抽了新枝，這是不是跟其他生命一樣，一樣循環著：青與黃相接，枯與榮相尋；跟其他生命一樣，一樣以自己的方式生存：你昂揚你的骨幹，我低垂我的枝條。

唐朝僧人釋志勤以尋劍客自比，說他三十年尋覓佛法，看過多少回一歲一枯榮，落葉又抽枝，卻從未把庭院裡的桃花開謝當作一回事，直到有一天，猛然看見一樹灼灼豔紅，色與空相間，花謝處正是花開處；有與無相生，花開時也是花謝時。他寫下了這首詩：

三十年來尋劍客，幾回落葉又抽枝。
自從一見桃花後，直至如今更不疑。

因為他的不疑，我們才發現我們的陽臺也可以是他的庭院，我們的柳枝搖搖也可以是他的桃花夭夭。這是植物的美，生活的悠閒，道的無所不在，觸目即是。

——原載二〇〇一年二月十日《人間福報．覺世副刊》

真的不疑桃花？

志勤和尚寫了一首詩：「三十年來尋劍客，幾回落葉又抽枝。自從一見桃花後，直至如今更不疑。」他自己領悟了生活中處處是道，領悟了落葉又抽枝的生命本質，對於生機就是禪機，從此不疑，也因而得到師父溈山靈祐禪師的印可。然而，世人也因此而不疑嗎？

不疑處應該有疑，才會發現自己的出口。否則，志勤和尚的詩只是出自志勤和尚的口，不可能成為我們的出口。志勤和尚的悟是志勤和尚三十年的疑（三十年的積健）所形成的悟，是幾回視若無睹才撞擊到的驚喜，也就不會是我們的驚喜。這

種情況滿像牛頓被蘋果擊中而發現地心引力，在這之前，牛頓的腦海中反覆思索的是物之靜與動的學理，如果沒有這樣的思考，天下多少人看見蘋果落地、看見石榴落地，為什麼不能發現地心引力？否則，這時即使故意用蘋果、用石榴擊中他的頭，他的頭除了傷口也不會有出口。因為：不疑處應該有疑。

宋朝王安石（一〇二一～一〇八六）的〈寓言〉詩就曾懷疑：

大虛無實可追尋，葉落松枝讀古今。
若見桃花生聖解，不疑還是有疑心。

大虛就是至虛，是對禪的體悟，應該不落言詮，無實物可以依傍，無軌跡可以追尋的。松枝葉落的譬喻，恐怕是欺瞞古今求道的人吧！看見桃花盛開就能解悟聖道，難道不值得懷疑嗎？他可能不疑，我們還是有疑心。

是該懷疑。但是，王安石沒告訴我們哪裡值得懷疑，如何懷疑。如果有，那是王安石的懷疑，不是我們的懷疑。那是王安石發現的出口，不是我們的出口。

所以你也可以不疑，如果你真的不疑。

我，倒是有些懷疑：為什麼是三十年而不是三年、十年？為什麼看見灼灼的桃花才悟道，不是看見杏花、梨花？為什麼是看見桃花開才開悟而不是看見桃花謝？如果看見一堆敗草，看見腐爛、死亡，是否也能悟道？

是不是你也有這樣的懷疑？

就在今天早上，同事說：「老師，你今天穿米色的大衣看起來很年輕。」這時我要不要懷疑：「那我昨天穿黑色獵裝看起來很老？」語言，有一定的死角，文字，有一定的侷限，我們往往陷入這樣的死胡同裡，往往讓自己在別人的讚美中憂傷。所以，可以是三十年，何妨是三年、十年；可以是桃花，何妨是杏花、梨花、玉蘭花；可以是花開，何妨是花謝；可以是生，何妨是死；可以是鮮花，何妨是敗草。何處不可以悟道？

不立文字，教外別傳。是因為文字有死角，語言有一定的侷限。然而，弔詭的是我們又必須藉語言文字來傳達，因此，我們要避免死在語言文字中。花開花謝，月圓月缺，時時處處，都是出口；松枝落葉，桃花聖解，無論何時，無論何事，都可以迎刃而解。

——原載二〇〇一年二月十七日《人間福報・覺世副刊》

為愛尋光

農曆年前三天，全家四口南下走馬瀨，度假過年，那時已經實施高乘載制，我們合乎規定，一路順暢，在南部的陽光香氣中快樂穿梭。中南部的陽光是真的有一股臺北所沒有的香息。

日常生活往往我們會被某一種觀念所束縛，在一定的時空中作定點移動，在一定的節慶裡放相同的鞭炮。高速公路的塞車應該就是這種同一觀念的集結展示。譬如說：過年是家人團圓的日子，十分正確，多少年留下的傳統，我們尊重先人的生活習性，我們遵循先人的生活軌跡，但是，也因為這樣的一個觀念點，好像全臺灣

的人都一齊開著車上高速公路慶賀，好像全臺灣的人一齊努力刷新金氏紀錄，要創造一個世界第一的停車場。「過年是家人團圓的日子」這樣的觀念，其實可以轉個彎，團圓還是團圓，卻不一定要在老家，甚至於不一定要在自己的家裡：有人出國過年，有人到風景區團聚，我們提早了三天南下度假。或許還有人轉了一個更大的彎，團圓還是團圓，把朋友也當作家人請來一起歡度新年。

朋友打手機來，第一句話一定是：你在哪裡？我說：我們在走馬瀨。啊～～走馬瀨在哪裡？聽他驚訝的語氣好像走馬瀨遠在歐洲一樣，實際上，根據臺南縣農會印行的走馬瀨農場介紹，有七條大道可以到達：

一、麻豆交流道：麻豆—渡仔頭—臺1線—新中—東西向快速道路—走馬瀨。

二、國道8號系統交流道：畜試所—玉井—東西向快速道路—走馬瀨。

三、永康交流道：永康—新市—臺1線—新中—東西向快速道路—走馬瀨。

四、臺南市—永康—新化—左鎮—玉井—走馬瀨。

五、屏東鳳山—臺3線—旗山—南化—北寮—玉井—走馬瀨。

六、臺南搭興南客運—玉井，轉搭計程車—走馬瀨。

七、安定交流道：善化─臺1線─新中─東西向快速道路─走馬瀨。

如果願意，再將這七條道路向前延伸，譬如說：如何到麻豆，如何到永康，那就不曉得要形成多少條可以到達的路徑。條條大路通羅馬，正是此意。錯過了麻豆交流道，還可以利用安定交流道、永康交流道，或者何妨先到臺南古城吃個擔仔麵，改走臺二十線，仍然可以穩穩當當，奔向走馬瀨那一片寬闊的草原。

這樣看來，只認得或者只認定一條路是相當危險的，非得走某一條路不可的人則是可笑的。就像玻璃窗前的蒼蠅：前途光明，可惜沒有出路，因為牠只認定向前、向前、向前，不知轉個彎，柳暗花又明。

宋朝楊岐派禪學創始人方會的弟子守端禪師（一〇二五～一〇七二），曾有一首禪詩這樣說：

為愛尋光紙上鑽，不能透處幾多般；
忽然撞著來時路，始覺平生被眼瞞。

只守著一部經書，只走著同一條路，只認定高速公路是唯一南來北往的通道，只以為過年就該急急奔回家鄉的人，真的就像紙窗前的蜂、蠅，讓唐朝神贊禪師也感嘆：「空門不肯出，投窗也太癡，百年鑽故紙，何日出頭時？」

過年的「年」是時間，不能改，我們何妨改個空間過這個不能改的時間。

對，到走馬瀨去！

不過，今年過年如果你真的到走馬瀨去過年，那可真的是鑽百年故紙，永遠沒有出頭時。

因為——為什麼要等新年時才去？時間也是可以更定的，將時間固定在一個定點，那就是百年故紙。

因為——為什麼一定要去走馬瀨過年？將空間固定在一個定點，那更是百年鑽故紙，鑽百年故紙。

——原載二〇〇一年二月二十四日《人間福報．覺世副刊》

寒未徹骨，香已撲鼻

從走馬瀨出來以後，我們應該繼續南下去親近墾丁的陽光的。但是，查了一下地圖，往北走就是梅嶺，根據報紙報導那是吃道地梅子雞最好的地方，我們從未吃過梅子雞，不知道是什麼滋味；我們從未去過梅嶺，不知道是不是滿山遍嶺栽種梅樹，開滿梅花？如果是，那會是什麼樣的景觀，什麼樣的震撼？

走，到梅嶺去！

就這樣，四個壓根兒就不知道梅嶺是一個什麼樣地方的人，沿著三號公路往北走，開車的還是一個新手，開車時數累積起來還不到兩個小時哪！陡然升高的斜

坡，陡然右彎的山徑，陡然迎面而來的轎車，陡然，嚇出一身冷汗！

人生的機緣都是這樣去碰觸的嗎？寒山都需要遠遠才能高上，石徑總要斜斜才算美感，都要在白雲生處或者白雲深處才有幾戶人家嗎？

真的不知道。不知道幾轉幾彎之後，幾次冷汗之後，終於來到一個小平臺，停好車，噓一口氣，往西邊一看，還真是重山峻嶺的模樣，高高在上的感覺，有著一覽無遺的愉悅，有著君臨天下的氣勢。是要在幾轉幾彎之後，才有這樣的氣勢嗎？幾回冷汗驚駭之後，才有這樣的山林愉悅嗎？

回頭看東方，白雲還在深處，更高更深的地方，這裡卻已經有幾戶人家，而且還有一大片梅園，幾十株梅樹一大片白，驚喜向前，滿樹都是五瓣而潔白的梅花，真的是五瓣，真的潔白，就像圖畫裡的國花，從蕊心輻射出五條黃色的絲線，安安分分，規規矩矩。

黃檗希運禪師（～八五〇）傳誦極遠的兩句話：「不是一番寒徹骨，爭得梅花撲鼻香。」就這樣浮上腦海。

就我們而言，那一番寒徹骨不是天寒地凍、砭人肌骨的陰冷，而是幾回山不轉路轉的驚險。可是，對這幾戶白雲還在深處的人家，山徑斜仄是他們所熟悉的，他們不經這樣的一番寒徹骨，依然可以清賞滿山梅花的撲鼻香，那麼，對他們來說，那一番徹骨的寒會是什麼？

從梅花的生存法則來說，一番徹骨的寒是必須的，但對杜鵑花而言，他們等待的是三月春暖。就像楓葉要經露冷霜寒，才能紅於二月花，二月花卻是在春意最宜人的時候綻放得最肆意。可見：寒，對每一種生物會有不同的意義；徹骨的寒，會有徹底不同的意義。

唐朝宣宗時代的黃檗禪師，他寫的詩原來是這樣的：

塵勞迥脫事非常，緊把繩頭做一場。
不是一番寒徹骨，爭得梅花撲鼻香。

迥脫塵勞，就是遠遠超脫塵念勞心，這種事非比尋常，不容易做到，一般人會從「放下放下」這個方向思考，黃檗禪師卻反其道而行，緊緊把握繩頭，從最基本的笨功夫扎好基礎。曾經緊把繩頭做一場，才能有迴脫塵勞的舒散安逸；曾經山迴路轉，才能見到滿山梅花撲人的白；曾經一番寒徹骨，梅花才有撲人鼻的清香；曾經整整一年的等待，杜鵑花才可以放肆撒野地開。

抬頭看看更高更遠的山上，白雲生處，還會有什麼樣的人家，什麼樣的撲鼻梅花香？

——原載二〇〇一年三月六日《人間福報・覺世副刊》

能在雪中取火就能鑄火為雪

很久很久以前，還在讀大學的時候，我讀到周夢蝶先生（一九二一～二〇一四）的詩句：「誰能於雪中取火，且鑄火為雪？」心中彷彿有什麼東西被觸動，無來由的一種驚喜。

火，是日常生活之所見，只是我們永遠不敢伸手進入火中，向火索取；雪，亞熱帶地區的臺灣，侷處八卦山腳的我，從未見過，從來沒有機會伸手進入雪中，向雪索求火，索求火是為了索求溫暖，或許我還能理解，為什麼又要鑄火為雪？而且如何鑄火為雪？火與雪，熱極、冷極，物的兩端，在我心中滾、在我心中燙，心中

且疑且迷，且無來由的一陣驚喜。

後來讀到教我古典詩詞的葉嘉瑩老師（一九二四～二〇二四）為周先生詩集所寫的序，也在讚賞這兩句詩，心中似乎有著雲要破天要青的感覺，一種欣喜彷彿要從雲的破口處流出來，那是什麼樣的雪在燒，什麼樣的火在淋，一陣熱極、冷極。彷彿就要知道誰是心中藏著鏡子的人。

誰的心中可以藏著鏡子？

我能嗎？如果我明事明理，我心中不就是一面潔瑩的鏡子，如果心就像一面潔瑩的鏡子，不就可以照映萬物？如是，我們都是心中可以藏著鏡子的人了，我們的問題只在如何讓自己心中可以藏著鏡子。這樣，問題已經簡單化了，我理清了：誰是心中藏著鏡子的人。你可以，我也可能可以，佛陀則是心中已經藏著明鏡的那人——那人可以在燈火闌珊處，也未嘗不可以在我心深處。

若是，人的心中可以藏著鏡子，梨的心中就可以藏著一口井，既然可以藏著一口井，那就可以藏著一口好深好深的井。因此，當你讀到洛夫（一九二八～二〇一八）這樣的詩句，你會害怕嗎？

那確是一隻
觸手冰涼的
閃著黃銅膚色的
梨
一刀剖開
他胸中
竟然藏有
一口好深好深的井

這時心中會不會從那一口好深好深的井湧生甘泉，一種顫慄的驚喜？這以後還會害怕新詩，拒絕顫慄的驚喜嗎？

反乎常可以合乎道，晚唐曹山本寂禪師（八四〇～九〇一）和他的老師洞山良价禪師（八〇七～八六九）開創了曹洞宗，他曾經有一首這樣的詩：「焰裡寒冰結，楊花九月飛；泥牛吼水面，木馬逐風嘶。」盡是一些實際生活中不可能見到的景象，火焰裡如何結寒冰，九月怎麼還有楊柳花飛絮飄，泥菩薩渡江已經自身難保，泥牛又怎能浮水而吼，木馬又如何逐風而嘶？匪夷所思，不可思議。然而，這不就是以反乎常的方式去合乎道嗎？我們是否試著在至黑的地方尋找一絲白，在極白處尋找黑，就像在極難處尋找易，在易處發現難；真能如此，這不就是能於雪中取火，且鑄火為雪的那人。

木馬可以逐風嘶，我們何妨在火中探問雪的消息。

——原載二〇〇一年三月十三日《人間福報·覺世副刊》

飛花非花

你懂禪嗎？禪是什麼？大約談禪的人總會討論到這樣的話題，談得口沫橫飛，頭頭是道，談得天花亂墜，語語驚人，我記得讀大學時南懷瑾老師（一九一八～二〇一二）常笑說：這是口頭禪。所以你千萬不要以為那個寫「禪與詩的對話」的人，就是懂禪的人，恐怕說的也只是口頭禪而已。

不過，也千萬不要以為那個寫「禪與詩的對話」的人，就是不懂禪的人，這樣你就喪失了認識禪的機會，因為心中一有傲慢之心，禪就從那傲慢之心無竅之處飛出；因為學禪的過程裡，幾乎很少使用否定法，萬物眾生都以不同的形態同時存

在，誰能否定誰的存在呢？——其實還是有人使用否定法，如果我們說絕對沒有人使用否定法，我們不就使用了否定法嗎？而且，使用否定法的人，一使用，就是全盤否定，斬草斷根，不留任何後路。

現代詩人管管（一九二九～二〇二一）的作品〈春天像你你像煙煙像吾吾像春天〉就是如此：

春天像你你像梨花梨花像杏花杏花像桃花桃花像你的臉臉像胭脂胭脂像大地
大地像天空天空像你的眼眼像河河像你的歌歌像楊柳楊柳像你的手手像風風像雲雲
像你的髮髮像飛花飛花像燕子燕子像你你像雲雀雲雀像風箏風箏像你你像霧霧像煙
煙像吾吾像你你像春天
春天像秦瓊宋江成吉思汗楚霸王
秦瓊宋江林黛玉秦始皇像
「花非花
霧非霧」

「春天像你」，第一次看到這首詩你就發出第一個問題：「春天像你嗎？」你懷疑了，（好在，不是否定），懷疑了就該去尋思春天如何像你，你如何像梨花，梨花如何像杏花。如此往復尋思，來回探索，彷彿我們就在陽明山上爛漫花鐘前，我們是那胭脂，是那大地，是那飛花，是那雲雀，甚至於是那威武有神的秦瓊宋江成吉思汗楚霸王。就在這時，就在你與管管一樣沉浸在一片花海美景之中，管管突然大喝一聲：「花非花霧非霧」，連花都不是花，霧不是霧的時候，杏花如何像桃花，桃花如何像你的臉？當我們全盤肯定世界都在美景之中，帶領我們進入這個美景的管管卻又完全否定：非。就在這一喜一驚的那一剎那，我們心中是否升起了一些些什麼，一絲絲彷彿微香的什麼？

截斷眾流。古人是這麼說的。

沒有眾流，就無所謂截斷。沒有「春天像你你像煙煙像吾吾像春天」如此像得一塌糊塗，就不能突如其來大喝一聲：「花非花霧非霧」。

看來，我們要先找到眾流，再決定是否突如其來加以截斷。

——原載二〇〇一年三月二十日《人間福報．覺世副刊》

卻聽泉聲戀翠微

春天爬山真的是一件令人喜悅的事，看樹隨意綠，草任意青，綠從這個山頭綠過另一個山頭，青從另一個山頭又青了回來；偶爾還會有一些紅色、白色的花，這裡開，那裡發；一些知名、不知名的禽鳥，樹顛上啼，草叢裡叫。張開眼睛，綠煙紅霧，那是山；張開耳朵，山鳴谷應，那是水。山，大地上最值得翻閱的一本書，有山有水，是有聲有色的一本大書。

讀詩，我最喜歡讀山水詩、田園詩，自然派的詩歌。這樣的詩又將山水田園搬到我們眼前，搬到我們腦海中，誘引我們去遨遊，去神馳，可以開展出一片遼敻的空間，無止盡的延伸……

最近正在讀唐朝詩人孟浩然（六八九～七四〇）的詩選，就有那種神遊園林山水的清靜與喜悅。孟浩然是唐朝第一個創作山水詩的詩人，承襲初唐詩人陳子昂詩篇中的風骨，卻將這樣的風骨開向一片無言無語的山水，因此，那一片遼敻的空間，那一片無止盡的延伸……無止盡地延伸，因而開啟了盛唐詩佛王維的眼界，使山水詩那一片遼敻的空間又無止盡地延伸。

「氣蒸雲夢澤，波撼岳陽城。」就是孟浩然的詩句。是不是這樣的詩句震懾住心高氣盛的李白（七〇一～七六二）心靈？要不然，李白為什麼會有這樣折服的〈贈孟浩然〉詩：「吾愛孟夫子，風流天下聞。紅顏棄軒冕，白首臥松雲。醉月頻中聖，迷花不事君。高山安可仰，徒此挹清芬。」將孟浩然比擬為不敢仰視的高山，德行的「高山仰止，景行行止」真的落實為真正的高山，使孟浩然淡泊榮利的高風亮節有了具體的徵象；面對這樣的高山，李白又不敢仰視，只能在此挹聞這種德行的芳馨。正像我們前面所言：山是大地上最值得翻閱的一本書，孟浩然就是李白心目中的一座大山。

「高山安可仰」，以山的巍峨來崇仰一位山水詩人，真是再貼切不過了！

我曾比較孟浩然兩首拜訪高僧「融上人」的詩，一首題目是〈題融公蘭若〉，另一首是〈過融上人蘭若〉，融公就是融上人，蘭若是梵語「阿蘭若」的省稱，指空淨閒靜的僧人居處。第一首為「題」，是為融上人的蘭若而寫；第二首為「過」，是過訪而未遇的詩。將兩首詩抄錄於下，不知道你會喜歡哪一首？

〈題融公蘭若〉

精舍買金開，流泉繞砌回。芰荷薰講席，松柏映香臺。
法雨晴飛去，天花晝下來。談玄殊未已，歸騎夕陽催。

〈過融上人蘭若〉

山頭禪室掛僧衣，窗外無人溪鳥飛。
黃昏半在下山路，卻聽泉聲戀翠微。

第一首，兩人在有芰荷香氣、松柏清韻的香臺講席上談玄說佛，那種情境與情誼，倒也令人欣羨，但我仍然喜歡無人的蘭若，溪鳥隨意飛的那種感覺，黃昏時走在下山的路上，耳朵可以聽見泉聲，眼睛可以看見翠微，泉聲戀著翠微，似分明又不很分明的那種禪境意趣，就從需要「卻聽」才能聽得依稀的泉聲翠微裡窺得。這是無人的蘭若，山水才可以顯現般若的時刻。不也證明李白說的：不可仰的高山之側，就有那不盡的清芬可以挹聞。

那高山，可以是真正的高山，也可以是那無止盡延伸的禪趣呵！

——原載二〇〇一年三月二十七日《人間福報．覺世副刊》

蕭然松石下

高中時，讀《論語》的「斐然成章」，讀《孟子．梁惠王》的「天油然作雲，沛然下雨，則苗浡然興之矣！」我曾因為喜歡「斐然」、「油然」、「沛然」、「浡然」、「浩然」這樣的詞語，自動去尋找這類以「然」字為語尾的詞彙，她們都放在形容詞或副詞之後，其數量之大相當驚人：飄然，蕩然，索然，快然，泠然，欣然，忽然，宛然，莞然，恍然，怡然，介然，枉然，惘然，啞然，塊然，嚴然，澹然，斷然，毅然，決然，煥然，渙然，漠然，驀然，爽然，猝然，依然，木然，了然，凜然，超然，軒然，譁然，安然……如果願意，我們可以繼續搜尋。讀

高中的我，當時找到一百多個，我還應用這些詞語寫成一篇文章發表在校刊上，可見當時迷「然」之深。

後來不論讀什麼文章，只要是「飄然」、「飄飄然」、「悠然」、「悠悠然」這樣的詞彙出現，我就會特別注意那個然字所形成的詞語，彷彿那個然字會自動跳出來說：注意我注意我，我在這裡我在這裡。

自然而然，這樣的感情一直持續著。最近在李白的詩中讀到「蕭然」一詞，心中仍然有著一份不減當年的驚喜。李白和他的族侄李黯一起遊覽昌禪師池園，成詩〈同族侄評事黯遊昌禪師池〉二首，其第一首詩為：

遠公愛康樂，為我開禪關。
蕭然松石下，何異清涼山。
花將色不染，水與心俱閒。
一坐度小劫，觀空天地間。

來回讀了幾次，還是最喜歡「蕭然松石下」這一句，是因為高中以來持續著對「然」字的迷戀，或者又加上對「蕭」字的特殊情誼？也或許就是單純喜歡松石下那種蕭疏淡遠的感覺。只是，我也想了又想，「蕭然」二字應該如何領會？記憶中「蕭然」一直是淒清的：

陶淵明（三六五～四二七）〈五柳先生傳〉：「環堵蕭然，不蔽風日」，范仲淹〈岳陽樓記〉：「滿目蕭然，感極而悲者矣」，蕭然是空寂、蕭條，什麼都沒有的感覺。

「鬢髮蕭然」，「囊篋蕭然」，蕭然是稀疏、虛空之義。

「行李蕭然」，「乘輿蕭然」，蕭然則是簡陋、欠缺的同義詞。

「天下蕭然」，這時候的蕭然應該是因為人民物質缺乏而造成擾亂騷動的樣子，蕭然也就等同於騷然了。

至於「蕭然松石下」的蕭然，是指在完全潔淨清幽的地方，心中也放下雜亂的情緒時那種瀟灑、優閒吧！看看晉朝葛洪《抱朴子》〈刺驕〉裡的話：「高蹈獨往，蕭然自得。」高蹈是隱居山林，獨往是自尋清靜，唯有如此才能蕭然自得，此意正是「蕭然松石下」的蕭然之意。

杜甫（七一二～七七〇）〈劉九法曹鄭瑕邱石門宴集〉詩：「秋水清無底，蕭然淨客心」，更可以跟李白的「蕭然松石下，何異清涼山」相比，松石、秋水，清涼之處，洗心淨心最好的地方。在這樣的地方更能領會蕭疏淡遠的意境吧！因為這時候面對清淨的秋水、疏淡的松石，名利競逐之心應該更能放下，心中一無所有，蕭然而自得。這就是李白的瀟灑吧！

——原載二〇〇一年四月三日《人間福報・覺世副刊》

水與心俱閒

李白和他的族侄李黯一起遊覽昌禪師池園，寫成〈同族侄評事黯遊昌禪師池〉為題的詩兩首，一般人都喜歡「蕭然松石下」有這種疏淡感的這一首：

遠公愛康樂，為我開禪關。
蕭然松石下，何異清涼山。
花將色不染，水與心俱閒。
一坐度小劫，觀空天地間。

詩俠詩仙的李白，自有一種常人所缺乏的自信心，即使是在這種蕭然情境裡，我們仍然看到一個高度自信的李白。

首句「遠公愛康樂」，如果遠公是指東晉禪師慧遠，康樂當然是指被封為「康樂公」的謝靈運，不過，這裡的「康樂」應該借代為「山水」，遠公愛山水，留下這一片池園為我打開了禪關，打開了進入禪境的一扇門。遠公為我開禪關的自信，就是李白的自信。如果遠公是指昌禪師池的現任主人，那麼，遠公愛康樂的「康樂」指的正是李白自己，將自己比擬為前賢謝靈運，不也是一種李白的自信？

在佛家的講法裡，山西五臺山因為歲積堅冰，夏仍飛雪，所以稱之為清涼山。第二聯將禪師池園的松石清幽，類比為清涼的五臺山，如此以小喻大，是對自我充滿肯定的人才有的作為。

第三聯「花將色不染」指的如果是花與色一塵不染，說的不過是環境清淨澄瑩而已，充滿自信的李白指的應該是花與色不染我心，我心淨潔，不沾染塵污，因此才有下一句「水與心俱閒」，心靜、心閒，才可能「一坐度小劫，觀空天地間」。這樣的說解，讓我們跟李白一樣也有了信心。李白的信心表現得最自足的是「水與心俱閒」，注意，是水跟著心而閒，不是心跟著水而靜，是因為內心禪定閒靜，所以外觀池水也有了優閒之意。

或許我們應該反過來說，因為內心禪定閒靜，所以才成就了李白的詩俠氣度，詩仙氣韻。

最後兩句：「一坐度小劫，觀空天地間」是詩的誇飾，卻未嘗不是李白從一開始就有的大信心，大豪氣。「一坐度小劫」是自時間上說禪定的功夫深，靜坐入禪可以一坐而度小劫，好久好悠遠；「觀空天地間」則是由空間上說禪定的境界廣，坐禪入定可以一觀而天地空，好大好空遠的天地，好大好空遠的境界，李白的自信。

這樣的自信才能呼應「蕭然松石下」的李白的瀟灑吧！

生命裡的瀟灑來自生活中的自信，禪的瀟灑則來自生命裡的自信。自信滿滿，才敢放鬆自己；不敢放鬆自己，如何會有禪的瀟灑、瀟灑的禪？

——原載二〇〇一年四月十七日《人間福報．覺世副刊》

潭影「空」人心

讀詩，有些人會斤斤計較這是誰寫的詩，在哪裡寫的，有些人則不求甚解。這其中，無所謂對錯的問題。有時候，詩有誤解，反而得到妙趣；有時一誤四萬八千里，回也回不來，不知誤入南非冥冥漠漠什麼國，這一誤，險象環生，不過也有可能另有一種妙趣卻在這時橫生而來。亦未可知。

朋友問起「山光悅鳥性，潭影空人心」是誰的詩句？這是我最害怕的問題，因為通常接下來的話一定是：「你是教國文的，怎麼會不知道？」我大兒子讀幼稚園到小學時最是喜歡問一些怪問題，當時我勤讀「十萬個為什麼」之類的書，還無法滿足他的需求，他會突然問我：「西瓜為什麼裡面是紅的，外面是綠的？」我的臉一下子紅，一下子綠，「我是西瓜爸爸」也無法回答他，這時他會說：「你是爸爸，怎麼會不知道？」

從小，我就在這些問句中成長：「你是大哥，怎麼會不知道？」「你是讀員中的，怎麼會不知道？」「你們讀中文的，怎麼會不知道？」我被逼得不能不知道很多事。

「山光悅鳥性，潭影空人心」的詩句我熟悉，是誰的作品我就無法給出答案，搜尋腦中所有的圖檔，縮小可能的範圍，終於找到原作者了，唐代詩人常建（約與王昌齡同時）的詩〈題破山寺後禪院〉：

清晨入古寺，初日照高林。
竹徑通幽處，禪房花木深。
山光悅鳥性，潭影空人心。
萬籟此俱寂，但餘鐘磬音。

名為常建，實非常見。常建這個人，字不詳，生卒年不詳，開元十五年與王昌齡同登進士，仕宦不得意，遂放浪詩酒，唐人殷璠《河岳英靈集》評常建的詩，這樣說：「建詩似初發通莊，卻尋幽徑，百里之外，方歸大道。所以其旨遠，其興僻，佳句輒來，惟論意表。」這樣的批評在讚賞他詩中用意深，剛開始走的是大道，一彎卻彎進了竹徑幽處，「其旨遠，其興僻」，就好像禪房在花木深處，要很久很遠以後，才回歸康莊大道。

朋友又問我：「破山寺是一座什麼樣的寺呵？為什麼會叫破山寺？好奇怪的名字喔！」望文生義，是一座殘破的山寺吧！後來查看註解才知道是江蘇常熟縣虞山北麓的興福寺，南齊時郴州刺史倪德光施捨宅園改建的，中唐時代恐怕已是古寺了。如果沒有這些知識的輔助，或許也無損於我們對這首詩的理解，因而誤解為殘破的山寺，或許另有一種古樸寂靜之美。亦未可知。

我反問朋友：「山光悅鳥性，潭影空人心。」這裡的「空」字是什麼詞性？朋友說：這重要嗎？我說：如果不知道「空」字的詞性，就體會不出這首詩的禪境了！這裡的「空」字是（使意）動詞，因為無風無雨，潭中的倒影是靜寂的，因而可以使人心中的雜念泯除一空，因靜而空，心中但餘鐘磬音，這才是真正的禪境啊！

朋友笑一笑說，你這一說，終於解開了我心中的疑惑，我一直以為「空」是「無」的意思，一直奇怪為什麼潭中的倒影不見人心，是人的心中無視於潭影的存在嗎？真的，如果沒有這句潭影使人心靈淨空的句子，那麼「山光悅鳥性」山光之美一定讓鳥類喜悅得吱吱喳喳叫個不停，怎麼可能「萬籟此俱寂」？就因為潭影使人心靈淨空，所以包含關關啾啾在內的萬籟，才可能因此在我們心中都靜寂下來，才可能只遺鐘磬梵音在心中迴響不已。

潭影「空」人心，所以人心才有鐘磬梵音。那樣的潭影是在「古寺」之後，「高林」之內，「竹徑」底部，「花木」深處。如果沒有這樣的「古寺」這樣的「高林」這樣的「竹徑」這樣的「花木」這樣的「潭影」，我在想，我們有沒有可能讓自己的心淨空下來？

——原載二〇〇一年四月十日《人間福報・覺世副刊》

輯二

風雪雲水

雪是白色垃圾？

四月初的春假，我們去北海道遊覽。聽說這個時節是北海道觀光的淡季，客人不多，我們只花了三萬兩千元作了一趟五天四夜的旅遊。不是我喜歡凡事都逆向思考，而是因為：二月的雪之祭，旅客擁擠，費用高昂；五月櫻花盛開，六月九月薰衣草蔓生，我們又已開學。所以，四月去北海道，是不得不然的選擇。說是不得不然的選擇，好像有一點無奈，其實我內心並沒有無奈的感覺，我只讓自己的心完完全全空著，完完全全空著，才有可能接納臺灣兩倍大的北海道。

飛機降落函館機場，走出機艙，攝氏十度的冷溫迎面撲來，我們快速坐上遊覽

車，車上暖氣開放，又溫暖如臺灣春日，兩個小時的車程之後，一下車卻立即回到冰冷的空氣中，這時天空飄起了如絮棉一樣柔、像粉筆屑一樣細的雪，好像在安慰亞熱帶來的、從未看過雪意的我們。遠方的山，沒有一座不是白雪罩著山頂，我內心一直興奮著，冰清玉潔，粉妝玉琢，完完全全的美。

函館到登別溫泉的路上，偶爾車子經過小村莊，可以看見家家戶戶門邊、庭園角落，路旁的枯黃草葉上頭，總是堆著一堆又一堆的雪，好像厚厚的保麗龍，溫馴地蜷伏在那兒。近處的山坡，懸空一大片白，憑空一大片白，應該滑落卻不曾滑落下來，應該濕答答卻也不會濕答答垂著淚。我總是一路盯著她們，眼睛一眨也不眨，雪耶，來北海道就是為了賞雪，雖然不是北海道的冬季，不能看到大雪紛飛，冰雪封鎖大地的壯觀景色，但，日溫十度夜溫零度的天候，還是保留了這裡一片、那裡一大片的白。青春不要留白，我們都這樣說，北海道的初春卻是處處留白，越到北方，越是一大片不沾染紅塵俗世的白。

而我們在紅塵俗世中沾染，什麼時候心中可以有那麼一大片的白？

車子轉了一個大彎，山形優美的駒之岳突然出現在視線中，比起富士山少了一些堅卓的個性，卻多了一些柔美而富變化的曲線，粉妝玉琢的模樣彷彿親切中仍然保持矜持的少女。絕對的冰清玉潔，絕對的粉妝玉琢，我被這樣絕對的完完全全的美所震懾，眼睛一瞬也不瞬，焦點定住，即使轉了幾個彎之後，八十公里的車速已將她遠遠拋在車後，我仍忍不住往後遠望，尋找山頂白雪，皚皚之光。

就在這時，就在我被駒之岳的美所震懾的時候，導遊說，我們迢迢千萬里來看雪，但是各位知道嗎？雪對北海道人卻造成生活上極大的不便，冬天裡天天要鏟雪，像現在，各位仔細看，他們門口的雪已經髒了，不知道要把這些雪鏟放到哪裡去？北海道人把這種雪稱之為「白色垃圾」。導遊說。

我心中一驚，一醒。不是嗎？溶也溶不化，鏟也鏟不完，我們的震懾，他們的無奈；世事不是常常這樣？我的肥肉，你的砒霜；你的腐朽，他的神奇；雪的嫵媚，人的無奈——北海道人稱之為「白色垃圾」的無奈，我們可以遠觀卻無法近親的無奈。

元朝守常和尚（武陵詩人，生卒年不詳）禪居二十年，昨夜一夜深雪，醒來鐘磬聲一起，他又慇懃自洗心，他的〈禪居〉詩這樣寫：

曉風飄磬遠，
暮雪入廊深。
廿載禪房宿，
慇懃自洗心。

能在雪的美與霉之中抽身而出，靜心而觀，看見萬物的自在，自心的自在，或許那是天地之間冰雪無所不在，無所不覆蓋的白所給予的：無限大的空間裡才可能有的大自在。

因為這種無限大的空間裡才可能有的大自在，使得他的心因此也有了無限大的空間，無限大的大自在。

五天的北海道的皚皚白雪，無限大的空間裡，還在美的震懾與垃圾的震撼中擺盪，我如何抽身而出，得其自在？

——原載二〇〇一年四月二十四日《人間福報．覺世副刊》

本無生滅，焉有去來

真正見識到什麼是冰封雪埋，什麼是積雪三尺，是到北海道的第二天，我們抵達支笏湖。

支笏湖據說是日本湖水透明度最清澈的湖，可惜，同行的友人沒有人能證明這一點，我也不能，因為我跟大家一樣，見到整座湖被冰雪所封，整個人就被冰雪精靈所迷，哪有閒暇辨認孰比誰透明？這時，「啊」是整個世界唯一的語言。近岸邊四、五公尺的範圍是澄藍而安靜的湖水，五公尺之外盡是白所統治的世界，從停車場走下斜坡到湖面，從湖面到遠山，整個世界靜靜的白。

我靜靜地欣賞左前方的「樽前山」，像一座酒桶靜靜的讓人沉醉。我靜靜地眺望樽前山右側的「風不死岳」，不死的風此刻也無法讓樹葉翻飛。年輕的同行友伴已經在雪地上塑造雪人，他們的腳一踩，整個膝蓋以下就沒入靜靜的白雪中，再一踩，連大腿也靜靜的白，我才知道：為什麼世界上所有的雪人都沒有腳——雪地上的人塑造的是雪地上的自己啊！

而後我們人手一筒雪白的霜淇淋，在手上舔著縮小的「樽前山」。

而後我們留下靜靜的雪人，守望著「風不死岳」的白。

而我們則進入另一個完全白的立體世界。車子轉入山區，車前車後都是昨夜剛降的雪，新鮮耀眼的白。枯樹枝上一團一團不墜的白，兩側的山坡上一層一層不溶的雪。車子越爬越高，那白越來越潔瑩，越發亮。電影《那人那山那狗》說：山裡的人是神仙的後代。這裡沒有人，也沒有神仙，只有神仙的白。

有時車子進入谷地，開闊的高原，我們可以目測那雪的厚度在人的胸部以上，比車子的輪胎還高。那樣平坦的地方，那樣厚的冰雪之下，會是九月紫色薰衣草狂肆撒野的地方？會是牧場草原一片油綠的所在？

生命，躲在什麼地方找尋她的出口？她看得見我們嗎？出口，躲在什麼地方找尋她的生命？我們看得見她嗎？

我想起宋朝行端和尚以八十七歲的生命留下的遺偈：

本無生滅，焉有去來！

冰河發燄，鐵樹華開。

生命的終極處是否真的是無生無滅，就如冰封雪埋的四月到了六月，冰河會發燄？鐵樹會開花？生命真的無去無來，一直都在當下都在此刻都在此地冰封雪埋的深處？一個得道高僧要八十七年參禪冥思才能領悟，才能寫下的偈語，我們在北海道一夕之間可以見得？

我惶惑。

我甚至於不知道：

多少年後，會有誰去問問我們留在支笏湖畔的雪人是否還記得我們？

——原載二〇〇一年五日一日《人間福報·覺世副刊》

春花秋月不留跡

去北海道的照片洗出來了，我仔細檢視了一下，除了冰天雪地的白，我照得最多的竟然是枯樹枝擎天的褐黃。

一般而言，樹長得比人還高，對於樹，我們只能仰望，只能在樹下享受她的陰涼。山水畫中的樹，不論長得多麼虯曲、斜攲，無不是長在奇石危巖之上，即使只是簡單的幾筆，也是仰角的視野；即使是名家的手筆，仍然是不變的仰角的視野。——因此，坐淡水捷運線，劍潭以後，我喜歡一直望著窗外，從二層樓的高度，俯視黑板樹、菩提樹……不同樹種的變化，以不同的角度看我所熟悉的樹，這

些樹就在我們左右，可以很清楚看見她們的頭頂。文學理論家說這是「去熟悉化」。不知你是否也曾以這樣的角度看樹，因此而有了新視野？

「去熟悉化」，不就是陌生化嗎？我們習慣滿眼蒼翠、一樹青綠的臺灣四、五十年了，一旦看見滿山遍野的樹一棵棵都是枯枝乾枒，一臉焦黃，滿樹疲憊，心中的驚訝促使雙眼直直盯視著這些樹，直直盯視著這些樹的雙眼會促使雙手按下快門。

——想一想吧！如果是你，去到一個滿街都是禿頭的人，你心中的驚訝會不會促使雙手按下快門？是的，我就是按了許多次快門照了許多禿頭的樹。

十一月到第二年四月是北海道長達半年的冬季，雪是染色的快手，多顏色的大地立即統一為純白，紅、綠的花、葉立刻轉為褐黃，萎落。除了松與柏，滿山排列整齊的每一棵樹，路的兩旁、庭園的四周的每一棵樹，都是一件件靜默的雕塑品，空張著它的枝枒，虛張著聲勢，彷彿說著什麼，也彷彿什麼也沒說。

六個月，它們站著同樣的姿勢，張著同樣的手，它們的兄弟姊妹、父執輩，也在不遠的地方站著，張望著。

那些曾經綠過紅過的葉子、那些曾經大紫大紅大藍大黃的花，都不在此刻的視野中。南北朝時代梁朝和尚僧裕有一首無題詩：

萬物皆以時，能安理亦適。
春花或秋月，千古不留跡。

那些曾經大紫大紅大藍大黃的春花，那些曾經綠過紅過的秋葉，在今天的樹幹上，我們能看見什麼樣的跡痕？——那滿滿的秋月，那生活裡的喜怒哀樂，又能留下什麼樣的跡痕？

我曾經以〈鏡子〉為題，寫過這樣的詩：

發現對面是一片空白
無物可照
那晚，鏡子開始懷疑

我，曾經存在嗎？
那些曾經在我心上喜心上怒的
如今又在哪一面鏡子的外面哀樂？

你會執有問空，還是執空問有？
或者同時看見「有」與「空」，如一面無物可照的鏡子？

——原載二〇〇一年五月八日《人間福報．覺世副刊》

脫下大紅外套以後

三月是陽明山的花季，仰德大道上懸掛著各種不同的車輛，擁擠著相同等待看花的人潮。偶爾，我也會去湊這種熱鬧，走啊，賞花去，大夥兒一吆喝，眾朋好友就這樣上山了。

陽明山是臺北人的福氣，這麼近的距離就有一座這麼美的山，世界各個有名的大都市中很少有這麼好的福氣。她擁有地熱溫泉，可以任你浸泡，沉思；她擁有不同的路向，可以隨著自己的體力作不同的選擇；她擁有不同的林相，轉彎處會有不同的驚喜；她有多層次的轉折山勢，所以有多變化的風雲氣象；她環抱著一個山谷

平原，蔬菜花卉隨意栽植，不必擔心破壞水土生態；可以看花放，可以看草浪；有時聞鳥啼，有時聞蟬嘶；或者，什麼都不必作，躺在林蔭下，任風吹拂⋯⋯

不過，臺北人喜歡三月上山，喜歡後山公園，看二月尾的吉野櫻、緋紅櫻連著三月初的杜鵑撒野，彷彿可以聽見眾花趕路，細碎的腳步聲，彷彿她們就在你耳邊喧呶，細碎的撒嬌聲，伴著淙淙的泉水音樂，織就一幅聲色的春之圖。

不知道三月上山的人是否五月還會回到原地，那樣的喧譁一下子靜寂下來，是會讓人無法適應的。這時，會不會向曾經春意鬧的枝頭探尋春色？會不會在萬綠中仍然希冀一點紅的留存？啊，真的，真的還有一朵⋯⋯

花開滿樹紅，
花落萬枝空。
唯餘一朵在，
明日定隨風。

——唐·知玄和尚〈詠花〉

看過昨天滿樹紅，能夠想像今日萬枝空嗎？看過三月滿樹紅，也看見五月萬枝空，能悟認唯餘的這一朵，明日一定也隨風而逝嗎？

二十歲的大學時期，每次買的一定是大紅外套，穿著大紅外套走在路上，感覺身體裡散發著獅子般的威風氣概，那時，我想過頭髮會有灰白的一天嗎？

擁毳對花叢，由來趣不同。
髮從今日白，花是去年紅。
豔冶隨朝露，馨香逐晚風。
何須待零落，然後始知空。

——法眼文益禪師

三十歲那年，我脫下大紅外套，看著大紅外套掛在牆上那種空空盪盪的感覺，其實跟其他衣服並沒有兩樣，我知道，我不一定需要大紅外套。豔冶與朝露一樣短暫，馨香隨晚風而飄散，我知道常與空、綠與紅，是那樣緊緊相隨，是那樣不分西東。

——原載二〇〇一年五月十五日《人間福報．覺世副刊》

不知何代人，得見木棉老？

四月的時候，我們都認識了木棉，因為所有的木棉樹枝都擎舉著碗大的紅花，燃燒著整條街，他們從來都沒有說過看看我、看看我，所有的眼睛卻無法不看看他們。四月的時候，認識木棉的人會提醒認識木棉的人看看木棉花，認識木棉的人還會提醒不認識木棉的人認識木棉，不認識木棉的人一定會問這是什麼花？四月，不管認不認識木棉，走過羅斯福路、復興南路，都在腦海中留下深刻的紅木棉花的印象。

可是五月的時候還會有誰記得木棉花的存在？

六月的時候還會有誰記得木棉？

七月，誰記得木棉？

走過羅斯福路、復興南路的人不一定記得，不是走在羅斯福路、復興南路的人更不可能想起，那樹上一團團血的燃燒，一團團火的記憶。

四月的時候，我們都記得去山上為祖先的墳除草、培土，清理墓庭，我們都記得那時的節氣謂之「清明」，周策縱先生曾經寫過一首詩〈清明〉，內容只有一個字「露」，我曾經為這首詩找到三個合理的說解：其一，從古今詩意的匯通來看，清明會讓人想起「清明時節雨紛紛，路上行人欲斷魂。」有雨有路所以合成「露」，行人則在煙雨濛濛中看不到了；其二，以天象而言，露珠是水氣遇冷而凝成，既清且明，所以，「清、明」可以想到「露」；其三，以人事來論，一個人若是行事光明正大，何事不可以說「清」楚、講「明」白，何事不可以顯「露」出來？簡單的一字詩，竟然可以有這麼多的說解。有一次我到南投演講，南投的朋友說：清明時節，心中哀傷，更容易讓人想起生命如朝露，令人唏噓。此詩的說解又多了一種可能。這是四月。

五月，會有人上山探視祖先的墳墓嗎？

六月、七月、八月、九月……會有人想起山上祖先的墳墓又在亂草掩沒中嗎？

十月、十一月、十二月……還會有誰想起清明？

我最常講的「兩個句子」的笑話是：「美國人墳墓公園化，我們臺灣人公園墳墓化。」講最後一句時，聽眾一定會笑，而我相信那樣的笑聲裡一定摻雜著慚愧與無奈。墓園不就是祖先的家園嗎？山上的家園不該是一座花園嗎？長久以來，我一直為這個問題煩擾著，要不要整理埋葬祖父母的那塊山園，將它整理成一塊明亮的草地，還是任其草萊荒蕪、雜木陰森如昔？如果要加以整理，那得花費一筆大錢，如果不整理，心中真的不放心最疼愛我的祖母住在這樣荒涼的地方，何況，兩年後，原來埋葬在公墓的父親也該為他揀金重新建造新家。只是，祖墳在彰化，我人在臺北，整理或是不整理，真不是那麼容易決斷得了！

直到最近，讀《指月錄》，禪師青林師虔（唐昭宗時代）的詩：

長長三尺餘，
鬱鬱覆青草，
不知何代人，
得見此松老。

我忽然意識到，今天我不種下三尺松，將來哪會有百年老樹陪伴在祖父母的身旁？

古人在祖先墳前種長青的松柏，是為了將來易於辨識祖墳所在，如果我種的是木棉，每年四月清明，遠遠地我們就可以知道祖父母的家園快到了，十年，五十年，一百年，我們不在了，松柏木棉還在，長長三十尺，鬱鬱覆青草，那是二十二世紀以後的事了！

——原載二〇〇一年五月二十二日《人間福報．覺世副刊》

有形不累物，無跡去隨風

學校積極舉辦學生的小論文比賽，隔壁班的伍致潔同學說要以我的詩篇作為研究的對象，我說我的詩不好了解耶，一般人都會選擇蘇東坡呀、李白呀，他們的相關資料多，情趣多，為什麼你要捨易就難呢？伍致潔說，老師你就在我們校園裡，為什麼我要捨近求遠呢？

一般人往往貴遠賤近，尊古卑今，難得伍致潔沒有這樣的念頭，只是以一個高二的學生對於現代詩能作什麼樣的研究？所以，我讓她先閱讀八本詩集，整理思緒，再商議題目。兩個禮拜以後，她自擬題目，還定了大綱。我審視她的架構，十分龐大，不是一萬字的篇幅所能負荷，因此勸她縮小範圍，以小搏大，師生二人來回討論了幾次，終於確定了以蕭蕭詩中「雲」的意象作為研究的主題。

論文寫成以後，獲得最佳的「優勝」成績，看看她的論文綱領或許可以了解她所作的努力：

一、前言：白雲生處

二、雲，無所不在

三、雲，自由自在

四、雲，層出無窮

五、雲，飄逸無蹤

六、結語：白雲在心

她說：「雲，是自然界的幻化者，它總是以千變萬化的形式存在著，無憂無慮的飄飛在屬於它的藍天。它是風景中的一景，流動的姿態像是一雙觀望萬物百態的眼睛。然而在詩人細膩的刻畫下，它不再只是單純的風景，它成了心靈的寄託；成了高空的蝴蝶；成了心中的那片陰霾；成了大地的種子；成了……成了詩人筆下的雕塑品，更創造了無數美麗的詩篇。」

最後，她以這一段話作為結語：「高掛在天空中的雲，在我們平凡的眼光中是那般的淡而無奇，但在蕭蕭的筆下，卻有了另一個風貌。它化身成自由，活在每個人的潛意識中，自在的飄揚；它化身成愛情，一段不堪回首的愛，隨風飄逝；它化身成憂愁，佔據了空洞的心，下起一陣又一陣的雨；它化身成一面板子，遮蔽你我的哀愁，不讓人看見人世的悲歡離合。這就是我所認識的蕭蕭，一朵飄飄然的雲在他的心中，化做無數的生命。

若要說雲是富有禪意的那也不為過。雲，帶給人一種遼闊的心境，居無定所的它，讓人開了眼界，使人心不再狹隘。這點不就是禪意的真諦嗎？禪在詩人心中，更在世人的心中，詩人用創作將這份遼闊的心境傳遞給我們。」

致潔曾問我：為什麼老師的詩中會出現那麼多的雲？我大略提到童年時候仰臥稻田中看雲飄飛的經驗，那時，廣袤的田野，一望無際的天空，是幼小心靈的無限想望，風的吹拂，雲的飄飛，帶引我們的想像進入冥冥漠漠之鄉。只是，大樓興建之後，天空被切割，風雲的逍遙自在只能在詩中飄飛，在夢中追尋了。

將自我與雲的飄然作認同，使自己的心靈與雲相契合，盛唐詩僧皎然（七三〇～七九九）〈南池雜詠五首〉之四〈溪雲〉，可以說是最好的代表，他將雲的美妙說得令人心動，令人恨不得真如詩人所言「你是人間四月天」，而「我是天空中的一片雲」：

舒卷意何窮，縈流復帶空。
有形不累物，無跡去隨風。
莫怪長相逐，飄然與我同。

雲，有時舒，有時卷，其意無窮，但是它是無心的。雲，有時如水縈流，有時如帶飄空，它永遠是自在的。我們看得見它的形體，它卻從來不因形體受物累；我們看得見它的蹤跡，它卻從來不在空中留下任何蹤跡，只隨著無形無影的風，來去無蹤。不要怪我長相追逐，因為那樣飄然來去，正是我的本性，與我相同。——這是皎然說的。

——我只敢說，那樣飄然來去，正是我的本性，正是我一輩子的嚮往。

——原載二〇〇一年五月二十九日《人間福報．覺世副刊》

白雲來去常閒

站在朝興村公墓公園化的大廣場，凝望著山腳下一片迤邐的平原，我真的好想告訴你，那兒原是臺灣的穀倉，一望無盡的稻野。就站在稻田的任何一個角落，不必踮起腳跟，誰都可以看見夕陽慢慢潛入地平線的那種優閒。

那時，我常常躺臥在稻草堆上，仰望藍天白雲，不知道時間漫步過去的行色是否如流水一般，匆匆；不知道時間溜逝的聲音是否如流水一般，淙淙；我只知道，因為藍天無限的開闊，即使是飄飛的白雲看起來也是一派優閒。我真的好想讓時間回到從前，只為了讓你看看：即使是颱風天前，白雲的飄飛看起來仍然是一派優

閒。

白雲或許就在那時駐進我的心中。

或許就從那時開始我常常在心中放飛我的白雲。放飛，放飛我的白雲，在心中，白雲如是闖蕩西，闖蕩東，我的心不能不遼敻為一片藍天。如果我的心不能遼敻為一片藍天，我無法放飛我的白雲。

明朝憨山德清禪師（一五四六～一六二三）〈山居〉詩：

松下數椽茅屋，
眼前四面青山。
日月升沉不住，
白雲來去常閒。

小時候躺臥在一望無盡的稻野上，東與西，日月升沉不住，我看見日與夜的追趕；南與北，那是雲推移的路線，我看見雲的來去、雲的優閒。那時我躺臥在稻野上，眼前沒有四面青山，心中沒有松、沒有數椽茅屋。任雲來去。

我好想指給你看，那躺臥在稻草堆裡瘦小的我，因為：因為我的瘦小又可以讓你看見、讓你對比：青天的無限開闊。

如果你真的看見那躺臥在稻草堆裡瘦小的我，時間則要往回推移四十年，那時的你不是此刻的你，此刻的你是我無限開闊的青天，那時的你會是我頭上飄飛的白雲嗎？若是，天上的白雲是真的有可能看見躺臥在稻草堆裡瘦小的我囉！

如果天上的白雲是真的有可能看見躺臥在稻草堆裡瘦小的我，那時的我，心中的青天一定會更開闊。

只是我們不一定知道這些。就像我們可能認為憨山德清禪師的本意真的是：「日月升沉不住，白雲來去常閒。」升沉不住的是日月，來去常閒的是白雲。不過，有沒有可能憨山德清禪師心中想的是：

松下數椽：茅屋，

眼前四面：青山。

日月升沉：不住，

白雲來去：常閒。

松下數椽，那是我的家，它們只是茅草搭蓋的房屋；但是眼前一望，欣喜吧！有人家徒四面壁，我們卻是四面青山環繞。日月時升時沉，我心不住；白雲有來有去，我心常閒。

當我站在朝興村公墓公園化的大廣場，凝望白雲，我想白雲可能告訴我的是新的這些。這時，你在想著什麼？隨著白雲你飄飛在何處？

——原載二〇〇一年六月五日《人間福報・覺世副刊》

行雲有時像流水

教高中國文，最喜歡蘇東坡對自己文學創作的那份自豪與自信：吾文如萬斛泉源，不擇地皆可出。作文如行雲流水，行於所當行，止於所不可不止。我相信唯有瀟灑自在的心才有瀟灑自在的詩文，心如行雲自在行，文章才可能如流水自在流；心似行雲流水，事事也就能像行雲流水那樣隨物賦形，隨物曲折而能自然流，自然行。

水與雲，常常同時湧現而並稱，譬如說：「曾經滄海難為水，除卻巫山不是雲。」好像要見過大山大水大場面，才叫大人物。其實這兩句話也不過是驗證「數

大之美」而已。想想看，還有比水與雲更大的「物」嗎？——天地之大，大約也只有天與地吧！而唯一能覆沒大地，遮掩天空的，不也只有水與雲嗎？滄海之水，巫山之雲，所以為美，不單單是因為數大而美，更應該是水與雲的自在流行，自在流，自在行。

最為自在流行的，是王維（六九二～七六一）的詩句：「行到水窮處，坐看雲起時」，顯現了佛家周流不怠的動的美學。周夢蝶解說王維這兩句詩時，曾說：「表面上看這兩句話，是寫水和雲，好像沒有深意，事實上不然，水和雲這兩種東西是個象徵，是個動象，也可以說是生命的象徵，雲是動的，水是動的，生命也是動的。所以他拿雲和水都是來象徵生命。水流到不能再流的盡處，雲剛剛升起，這是說最高的真理，生命的盡頭也是生命的開始，生命的開始也是生命的盡頭。水與雲，是生命的現象，除了這個現象之外，另外有一個東西超乎這個東西之上的至高無上的真理，這個水也好，雲也好，就用佛家的名詞叫生滅法，雲有飛的時候，水有流的時候，但是，雲有不飛的時候，水也有不流的時候，然而另外的最高的真理是不受生滅法的約束，它是超然的，永遠在那兒動，但它永遠不疲倦，像老子講的

『獨立而不改，周行而不殆』，所以表面上是寫雲寫水，事實上它是寫真理。」

因此當周夢蝶以〈行到水窮處〉為題寫詩，他會說：「行到水窮處／不見窮，不見水／卻有一片幽香／冷冷在目，在耳，在衣。」那冷冷在目，在耳，在衣的一片幽香，我相信應該是自在流、自在行的一片行雲。這是現代詩「無住」美學的實踐吧！可以在目，可以在耳，可以在衣，可以在任何想在的地方，因為她是可以自在流、自在行的行雲。

因為：無心。

流水下山非有意，
片雲歸洞本無心。
人生若得如雲水，
鐵樹開花遍界春。

這是宋朝釋守淨（號此庵，住福州西禪寺，為南嶽下十六世，徑山宗杲禪師法嗣）的〈無題〉詩。

天空（天，空）是那麼廣大，讓雲（無心）飄著，明鏡亦非臺，所以，我們的心也任雲（無心）飄著……

——原載二〇〇一年六月十二日《人間福報．覺世副刊》

讓雲住到家裡來

我有一個朋友，只要在路上遇到狗，她一定蹲下來跟狗打招呼，說哈囉，就好像跟人一樣熱絡，一切相關的狗物、狗事，都要親切問候。接下來還要讚美牠的毛色，陪溜陪走，甚至於欣羨牠搖尾巴的樣子，好像志摩在康橋揮衣袖。順手摸摸牠的頭，這種事自然不用說，不像人類還要講究一回生兩回熟，等待對方伸出手才握。往往有時我們兩人聊得正起勁的時候，她會突然住口，指著對街，說：「你看，那就是我常跟你提及的吉娃娃狗，很帥齁！」我迅速轉過頭，什麼狗影也沒看到：「哪裡哪裡？誰在哪裡佇候？」「牠已經跟牠的朋友彎進巷子裡溜走了！」

我有一個學生，大約十節課裡有八節，她在國文課本下藏著數學，思考數字與數字的脈絡、關節，思考這期間的關係如何牽引、破解，神情專注，不休不懈。唯一使她分神的不是我的吆喝，導師的威脅，而是她要彎腰照顧她飼養的灰黑老鼠、灰黑麻雀，牠們一概住在她準備的紙盒裡，塞著泡棉、紙屑，隨她上下學。有時她會請牠的小朋友上桌，態度溫婉親切；仔細梳理牠們的羽毛，彷彿國小六年級的小姐姐。有時她會跟牠們吱吱唧唧，顯示人類與其他動物亙古以來未曾有過的和諧。她自己的穿著接近百年前的馬偕，襪不像襪，鞋不像鞋。但她打理的蟲魚鳥蟹，個個亮鮮光潔。

你會養蟑螂嗎？光著腳丫子在你的食物上舔嚐，說什麼恐龍時代牠已經是地球生物圈有名的酋長，連夏元瑜這樣的老蓋仙都要以牠為師，必恭必敬，不敢吊兒郎當。我問我那學生，她不認識公冶長：有著兩撇鬍鬚的蟑螂，你到底養是不養？她笑一笑跟我講：螞蟻伶俐，蟑螂善良，我雖然不闊綽，兩隻腳的、四隻腳的、六隻腳的、空中飛的、水裡游的、地上爬的，都在我的王國裡自由成長，自在飛翔。這樣的姑娘，比起古人憐蛾不點燈，為鼠夜留飯，更有一副好心腸，值得為她鼓掌。

為狗，為鼠，為鳥，為蛾，終究是為著活生生的生命而付出關懷，南宋高峰原妙禪師（一二三八～一二九五）的一首〈雲菴〉詩，卻展現了生命更高的境界，更惹人心動的情懷：

或淡或濃施雨去，
半舒半捲逆風來。
為憐途路無棲泊，
卻把柴扉永夜開。

永夜開啟柴扉，象徵的是心無掛礙，真正看開了、看淡了、看空了，任萬象欲進則進欲出則出，無所謂該或不該；隨萬事駐留或不駐留，徘徊或不徘徊。想想柴扉永夜開的最原始緣由，卻是造成生命存在的那一點「愛」，為了憐惜雲在路途上沒有久棲暫泊的住所，流連關外、塞外、天外，所以禪師打開了柴扉，讓雲住到家裡來，讓雲心中跟我們一樣無掛無礙，無承無載，所以，偌大的天空可以任他去來，任他無去無來。

——原載二〇〇一年六月十九日《人間福報・覺世副刊》

雲與老僧孰閒？

我們都確信：有錢真好。不過我朋友卻說：有閒更好。

沒錢的人一定想望：有錢才是好。有了錢的人會風風涼涼：有閒才是好。是熱切的盼望，還是鼻孔發音的冷嘲？是灑脫的心胸，還是既羨慕又忌妒的詞藻？我們不甚了了。

因為，我們在掙錢，我們也在偷閒，所以不甚了了。

甚至於，怎樣才叫有錢，恐怕每個人都會有不同的唱腔，不同的音調，難以界定，無法分曉。最標準的答案是：夠用就好。說得順口，揮得順手，好像談的是自

己的身外事，提的是五百年前的歷史典故。可惜問題依然存在：怎樣才叫夠用？（臺灣人說）怎樣才叫夠「開」？一日三餐，有人山珍海味，有人豆腐青菜；有人膨派，有人請裁。如何定得出放諸四海而皆準的標準加以選篩、加以記載？

誰能叫雲來，雲飛飛而來；叫霧散，霧速速而散；誰叫風輕，風為他而輕；叫雲淡，雲也就因他而淡？誰是那呼風喚雨的人？

——那人一定不是有錢人。

——那人卻也不一定是有閒人。

真正有閒的人，在山巔，在水湄，在茂林深處，在人跡罕至的地方。他，沒有人可以比閒，也沒有人可以比錢。當然，他也不需要比閒，比錢。他也不需要呼風，喚雨。只是，偶爾，忍不住，看雲隨風雨來去，寫個有趣的小詩：

千峰頂上一間屋，
老僧半間雲半間；
昨夜雲隨風雨去，

到頭不似老僧閒。

十多年前讀到這首絕句，十分欣賞廬山歸宗志芝禪師（或稱志芝庵主）小小的幽默，小小的禪趣。一個與雲比較誰優閒的老僧，應該是一個有趣的和尚。閒雲，野鶴，古來的稱語，結果，雲不免隨風雨而來去，匆忙於無限寬廣的天空，比起長守千峰頂上半間屋的老和尚，誰悠誰閒，也就悠悠然襯托出來了。那時，我特別喜歡「老僧半間雲半間」那種人與雲共處一室的天然和樂的感覺，那種望空哈哈一笑：「老僧還比雲優閒」的自得，在風雨去後，大地如洗的時刻，最是寫意不過了！

最近重讀廖閱鵬所著《禪門詩偈三百首》，他很理性地鑑賞這首詩，認為志芝庵主藉雲來比喻人的煩惱、情緒，來去不定，唯有悟得本心的「老僧」安然不動，永恆享受清閒，一任雲兒來來又去去。我們對禪的認識，因為這種理趣的欣賞而又深刻了一層。最後他說：「世人所謂的煩惱、妄念，在悟道者眼中，與菩提、禪定同一本性。所以煩惱、妄念即是我們的好朋友，好朋友不請自來，要走也不必相送，因此，老僧與雲共住一間茅屋，不也悠然？」又恢復人與白雲共處一室的天然之喜、和樂之趣，即使白雲是煩惱、情緒的徵象，讓我們也能與他怡然相對，藹然共處。這樣的說解，讓我們更喜歡雲生兩脅，傍雲度日的感覺。

——原載二〇〇一年六月二十六日《人間福報·覺世副刊》

水底雲

美學講究距離，適切的距離才能產生美感。所以，舞臺需要乾冰，山林需要煙嵐。乾冰之於舞臺，煙嵐之於山林，都好像雲之於天，詩之於人。

試想：天而無雲，何其單調寂寥，人而無詩，又是多麼寂寥單調！雲，讓我們與天之間有著一層似有若無的遐思；詩，讓我們與真理之間有著一層似隱若顯的理趣、讓我們與人之間有著一層似濃若淡的情紗。這都是雲與詩拉展出來的美妙距離，讓我們在輕紗薄霧中欣賞天象與人情。

雲在青天，已經形成一種距離之美，在這樣的距離裡，雲與天都美。天上雲如

果又成為水底雲，拉出兩倍距離，又會是怎樣的一種美？站在水邊，望著水底的天上雲，是實？是虛？抬頭回望天上雲，是遠？是近？虛虛實實的迷離，遠遠近近的錯覺，我們在天上雲與水底雲之間，是否形成另一種迷茫，是否我們也成為天地間問題的一部分，恍惚的思維？

唐朝和尚齊己（八六三～九三七），我曾研究過他的詩格作品《風騷旨格》，他有一首詩〈片雲〉，前兩句，是在恍惚思維中將自己與水底雲聯想成一體；後兩句，卻又從恍惚思維中昇騰為龍，油然興雲，沛然作雨，「一雨吹銷萬里塵」，氣象完全不同。彷彿是瞬間由迷而悟，久困而騰：

水底分明天上雲，
可憐形影似吾身。
何妨舒作從龍勢，
一雨吹銷萬里塵。

是因為兩倍的距離產生的美感，水的恍惚，使他與雲有著合為一身的錯覺；是因為「雲從龍」的《易經》之言，水的恍惚，使他有著舒作從龍勢的醒覺？從被困於水自怨自艾的可憐形影中，衝破水的恍惚，又恢復飛龍在天的氣勢，舒卷自如的天上雲。

這種自信，或許可以將韓愈（七六八～八二四）的〈雜說一〉拿來與之共同思考：「龍噓氣成雲，雲固弗靈於龍也。然龍乘是氣，茫洋窮乎玄間。薄日月，伏光景，感震電，神變化，水下土，汨陵谷；雲亦靈怪矣哉。雲，龍之所能使為靈也。若龍之靈，則非雲之所能使為靈也。然龍弗得雲，無以神其靈矣。失其所憑依，信不可歟？異哉！其所憑依，乃其所自為也。《易》曰：『雲從龍。』既曰龍，雲從之矣。」這篇短文，說龍吐出氣而成為雲，雲當然不會比龍靈異。但龍乘著雲氣，在廣大無邊的天空中飛騰，必須靠著雲的靈怪才能使自己靈異。「其所憑依，乃其所自為也」正是對自我實現的一種鼓舞。所以，齊己的水底雲是天上雲所自為，所憑依，因為水的恍惚，當然可以有龍的想像，龍的自信。

「雲」在天上，離我們很遠，「龍」是否存在過，我們不無懷疑，但，「雲從龍」對我們而言只是一個譬喻，我們欣賞韓愈的「其所憑依，乃其所自為」的自我肯定，我們也欣賞齊己「舒作從龍勢」的自我覺醒。就因為它只是一個譬喻，龍與雲的關係，可以是聖君與賢臣的際會，可以是朋友之間的聲氣相求，或許也可以是道德與文章、人格與風格、道義與正氣之間，那種不可兩離的關係，那種「玉在山而草木潤」而玉又有賴於滿山草木潤而更襯其美的關係。

這樣的譬喻，當然也可以視作是：因為距離而形成的更多的美。天上的雲，水底的雲，當然也因為距離而形成更多的美，更多的智慧。

——原載二〇〇一年七月三日《人間福報．覺世副刊》

雲與水的另一種際遇

說到宋，大家心中想的一定是宋詞；說到詩，大家心中想的一定是唐詩。「宋詩」的光芒就在唐詩、宋詞兩個專有名詞中被淹沒了。《全唐詩》九百卷，共四萬八千九百多首詩，大家不知道的是：《全宋詩》的數目遠超乎這個數字之上，「宋詩」受到理學的影響，更是發展出異於唐詩的理趣。

清朝沈德潛（一六七三～一七六九）《清詩別裁》直指：「唐詩蘊蓄，宋詩發露。蘊蓄則韻流言出，發露則意盡言中。」近人錢鍾書（一九一〇～一九九八）《談藝錄》說：「唐詩多以豐神情韻擅長，宋詩多以筋骨思理見勝。」更淺顯一點的說法，唐詩擅於言情，感情熱烈，主觀；宋詩長於說理，態度冷靜，客觀。唐人以性情入詩，宋人以才學為詩。

最近教學生認識朱熹（一一三〇～一二〇〇）的〈觀書有感〉其一：

半畝方塘一鑑開，
天光雲影共徘徊。
問渠那得清如許？
為有源頭活水來。

正是宋詩趨於散文化、論理化的代表作。「半畝方塘」像一面明鏡一樣展開，所以可以倒映天光、雲影，問問這「半畝方塘」怎麼能夠如此清澈，纖毫也可以畢露無遺，天光、雲影可以任他清晰照見自己，任他徘徊來去？只因為源頭處，有滾滾不斷的活水，滾滾不斷地湧進來。表面上是寫景詩，實際上則是說理詩，題目為〈觀書有感〉，是讀書的領會，思索之所得。

第一句是一個簡單的譬喻句：「方塘如鑑」。整首詩則是一個完整的「喻依」，心是「喻體」，讀書為了明理，整首詩用來譬喻一顆明理的心。一顆明理的心要像有源頭活水進來的一方水塘，才能像明鏡一般照見天光、雲影。心的「源頭活水」到底是什麼呢？

詩人不必一言道盡，因為一言道盡也就一言說死了，禪宗說「不立文字」，怕的無非是一言說死，讓許多人執著於文字既定的意義而不知變通，那又壞了認識真理的許多可能途徑，也壞了發現真理許多面貌的機會。

詩之美在此，禪之可愛在此。

現代詩流傳最廣的是鄭愁予（一九三三～）的〈錯誤〉，其第一段的五個句子也可以視為五個以「妳底心」為喻體的譬喻句，明喻、暗喻、借喻，交互應用：

妳底心就好像「東風不來，三月的柳絮不飛」

「你底心如小小的寂寞的城」

妳底心「恰若青石的街道向晚」

妳底心就好像「跫音不響，三月的春帷不揭」
「你底心是小小的窗扉緊掩」

換句話說，鄭愁予用了五個不同的譬喻在說明詩中女子的心堅貞不移。心是堅貞不移，譬喻句卻可以由各種不同物質、不同程度、不同方式去展現。朱熹以「半畝方塘」譬喻心，再以「一鑑」去譬喻「半畝方塘」，層層遞進，也一樣是為了讓我們了解「心」可以映見萬物，讀書可以讓心映見萬物。因此，我們必須讓自己的心永遠有源頭活水，不可以執著地認為只有天光、雲影才可以共徘徊，甚至於認為「源頭活水」就只是「源頭活水」。明朝憨山和尚（德清和尚）的〈一泓死水〉提供了另一股「源頭活水」，值得一起思索：

一泓死水靜無波，
繞岸蘆花寂寞皤。
聲及潭邊驚鳥起，

寒光翠影共婆娑。

死水的「源頭活水」不是真的一股「源頭活水」，卻只是「驚鳥起」的聲音，聲音一樣驚醒死水，所以，天光、雲影可以水中共徘徊，寒光、翠影也能水中共婆娑。

心之可喜在此，禪之可愛亦在此。

——原載二〇〇一年七月十日《人間福報・覺世副刊》

輯三

隨流認性

澹然自忘的塘中水

朱熹說：「天光雲影共徘徊」，很多人喜歡這句詩。最近我看劉森堯的電影論文集，就以《天光雲影共徘徊》作為書名，十分恰切。因為光和影是電影的主要語言，電影就是靠著光和影的變化去推展劇情，引人入勝，「天光雲影共徘徊」又暗示著人文思想與自然景觀共激發、共陶冶，所謂意象，所謂天人合一云云，這句詩句都可包羅進去，將人的心境拉得十分開闊、廣遠，既深且邃，有著天與水之間的高度，復有共徘徊、同交流的那種親切。

天光雲影之所以能共徘徊，都因為有源頭活水源源不絕而來的這一方水塘，如

明鑑一般展開，對映天光。這一方水塘既是「心」的象徵，就應該有著更豐富的內涵。心一般的水塘，不僅可以映照天雲光影，還可以統攝眾生，涵融萬象。明朝末年的永覺元賢禪師（一五七八～一六五七），是宋朝大儒西山先生蔡元定（一一三五～一一九八）的第十四代孫子，從小嗜讀程朱理學，我們可以合理的猜測他讀過朱熹的〈觀書有感〉這首詩，因為在《永覺元賢禪師廣錄》第二十四卷有一首〈小塘〉詩，對小塘有另一番描繪。朱熹將天光雲影共徘徊的焦點，放在源頭活水的沖激與更新，永覺元賢禪師則轉移焦點在小塘身上，直指塘中水澹然自忘：

窗前閒半畝，閒作小方塘。
雲過暫留影，月來時有光。
灌花春借色，洗硯墨流香。
唯有塘中水，澹然卻自忘。

理學家朱熹的詩重在說理，禪師永覺元賢的詩則單純書寫塘中水的澹然卻自忘，以水塘的澹然象徵悟道後的心境。朱熹需要依恃外在的活水沖激，保持心思的靈敏，心靈的清明，永覺元賢禪師則不待外求，以自身的忘然讓萬物臨照而不留影，以自身的澹然讓萬物得以呈現萬物自己的色與香。

「雲過暫留影，月來時有光。」——寫「水塘」之「塘」，是明鏡般映現萬有為空。雲月是實，光影是虛，照映在心之水塘，船過水無痕，是空；如是，實、虛、空，三者同時映現，倒也讓人心中彷若閃過一絲光影，驚見了什麼……

「灌花春借色，洗硯墨流香。」——寫「水塘」之「水」，直接寫水以自身的無色無香卻釀製了春色墨香，這是造化的功能，有如佛性之無所不在，在無形的演化中顯現有形的作用，在有限的時空裡顯露無限的能量。

一樣是閒閒半畝小方塘，卻充滿了不一樣的無限生機。

那水塘之外，我們又發現了什麼盎然生趣？

——原載二〇〇一年七月十七日《人間福報・覺世副刊》

活水與春水

朱熹〈讀書有感〉（其一）以「活水」為喻，認為讀書永遠需要不斷地充實自己的新知，讓新的智慧活水去沖激舊的知識淤積，推陳出新，顯現「知」的活力，唯有如此，因讀書而明理的心，才能如方塘、如明鏡，真正透澈解悟，而能真實反應事理，也因而才能讓天光雲影在心中徘徊。天光、雲影，那就是整個白雲天啊！何等開闊的胸襟，深博寬宏的涵容氣度，那顆因讀書而明理的心！

五月五日，我曾與朋友遊日月潭，特別去看進水口，活水進入日月潭的地方——因為沖激力甚大——自然形成一個大漩渦，望著那個漩渦，我曾沉思好久：

一個嶄新的生命力進入我們的生命體，會形成多大的漩渦？造成多大的衝擊和排斥？需要多大的迴旋空間？

日月潭的五月還屬於春天，高山上的冬雪積得不夠厚，那沖激進來的活水還算溫和，已經可以形成這樣的大漩渦，如果是終年積雪的雪峰，如果是海拔三千公尺以上的高原，那春天的活水衝入方塘，那春天的活力衝入心湖，會是什麼樣的生命景象？

兩個月以後，暑假初，我溯岷江而上，去到中國四川省阿壩州的九寨溝，再順著嘉陵江進入長江，搭乘仙婷號遊艇過三峽，遊艇有五層甲板，在長江上平穩滑行，幾乎感覺不到酈道元〈水經江水注〉所描述的驚險，當然也沒聽到李白所聽到的兩岸啼不住的猿聲，三天三夜從重慶到武漢。這種五層樓高的遊艇應該大於古代的戰艦「艨艟」，我遂想起朱熹〈讀書有感〉的第二首詩：

昨夜江邊春水生，
艨艟巨艦一毛輕。

向來枉費推移力，
此日中流自在行。

巨大的艨艟可以像一根羽毛一樣輕飄在水面上，是因為巨大的春水產生巨大的浮力。而巨大的春水一夜之間在江邊形成巨大的水勢，卻未造成災害，則是因為江面開闊寬廣，容許江水浩浩而來，蕩蕩而去，浮起巨大的艨艟中流自在而行。「巨艦」與「一毛」，何等巨大的對比，連接二者使其自在而行的是一夜而生的春水。讀書真正下過苦功，真正明理，終有一天，豁然開悟，就像一夜而生的春水，水到而渠更開闊，江更寬廣，中流之上，自在而行。

朱熹兩首〈讀書有感〉的詩分別以「活水」與「春水」為喻，以鮮明的意象讓人明理，彷彿讀書充滿了水一般活潑潑的生命力，水一般滋潤著生命而不枯燥，「活水」與「春水」的譬喻，讓人的內心像江一樣開闊起來。

當我們欣欣然面對水的喻象，千萬不要忽略兩首詩共同擁有的巨大感，第一首詩是「半畝方塘」、是「天光雲影共徘徊」，第二首詩是「艨艟巨艦」、是寬闊的江面，這是讀書厚積的學養，是讀書明理的胸懷，是浩浩「活水」與「春水」最主要的意涵，無盡的推演……

——原載二〇〇一年七月二十四日《人間福報·覺世副刊》

隨流認得性

黃山歸來不看山，九寨歸來不看水。有人這樣誇讚九寨溝的水，說是可以列為世界文化遺產中的自然景觀而無愧。寒假中一群老友去了黃山，我未追隨，暑假裡，他們再約九寨溝之旅，我遂欣然應允，自動歸隊。

同行的朋友中有人是「老大陸」，有人是第一次到中國蠡測管窺，平均年齡大約是五十一、二歲，在臺灣出生，事業順遂，一輩子吃的是臺灣米、喝的是臺灣水，喜歡自己生為臺灣人、死是臺灣鬼，卻長期讀李白、諸葛亮、杜甫、顏之推；不住長江頭、不住黃河尾，卻記得住江南庭園的蒼翠、巴顏喀拉山的雪水；認識端

午和肉粽，也認識屈原和秭歸。這樣一群相交二十年以上的好友，可以想見一路上嘰嘰喳喳的話頭話尾，不外乎臺灣的經濟、中國的山水，三地的差距、兩岸的推諉。

無關乎統獨競賽。正說著臺灣的好，一轉卻轉說起中國的風光、古老。不在乎意識形態。正說著中國江山多嬌，一轉卻又轉說起臺灣的勤勞、驕傲。

所以，感嘆的真情感嘆，讚嘆的真心讚嘆。感嘆，讚嘆的，都是同一顆心，同一張嘴。

那時，我正欣賞著九寨溝多變化的山水——這山水卻也是三億年未曾變化的山水，心裡想著：這世界、那世界到底變還是不變的好？這山水、那山水到底比還是不比的好？

《景德傳燈錄》第二卷有一首詩，相傳是印度禪宗第二十二祖摩拏羅（？～一六五）的作品：

心隨萬境轉，

轉處實能幽。
隨流認得性，
無喜復無憂。

或許可以說解我在九寨溝看山水的心情。

我真知道這樣的山水是山高河流短促的臺灣所沒有，我真知道這萬朵的急灘浪花、這五彩的深谷靜水、這三十六公尺寬的縱放瀑布也是臺灣所沒有。我更知道這萬朵的急灘浪花、這五彩的深谷靜水、這三十六公尺寬的縱放瀑布，其實捧在手中看，它，仍然只是水，只是H_2O。

但我讓我的心隨萬境轉，隨光影變化，H_2O的水可以有它五光十色七顏八彩的幻影，我不必十分理性的說：還不是一樣的水。不必十分阿Q的說：還不是一樣的水。不必十分酸葡萄的說；還不是一樣的水。心隨萬境轉，我看見轉處就是幽處。

不過，隨著這樣多變化的流水而興奮的心，隨著外境流轉而目不暇給的我們，是否可以保持心靈本性的清明，是否清清楚楚知道自己的所見所聞？其實也不是那麼容易的事。

「隨流認得性，無喜復無憂。」隨著這樣多變化的流水，我們已經不容易認得本性，隨著多變化的流俗，我們能嗎？

——原載二〇〇一年七月三十一日《人間福報・覺世副刊》

水清月白

水是九寨溝的靈魂。

以數字來看，有一百一十四個當地人稱為「海子」的湖泊，十七群瀑布，五處灘流，四十七個眼泉，十一段湍流……，只要擷取其中任何一個景點，都可以是讓人流連忘返的桃花源，我們竟然在一天之中就將它走遍，眼中、心裡、嘴邊，積存著一個又一個的驚嘆。

九寨溝的得名是因為藏人聚居在這樣的山水中共有九個村落，所以稱為九寨溝，不過，目前開放給世人觀光的只是其中的兩個村寨，兩個村寨的山水已經這樣

惹人讚賞，我在懸想未開放的七個村寨，又會安放什麼樣的訝異？世間的桃花源到底有幾座？短短的一生，我們會遇到多少驚喜？

三條呈Y字型的水流，三條溝形成目前九寨溝長達三十多公里的風景區。Y字型直直的那一豎叫「樹正溝」是風景區的入口，不多遠，就看到盆景灘，幾百個沒有盆的盆景就長在水流不斷的淺灘上，碎碎的浪花不停地開綻在小樹頭，千朵萬朵，沒了又開，開了又沒，就像擎天崗草原三步五步就長一棵小樹，只是下面是不斷掀起浪花的水，不斷流動的綠，而樹，依然挺立，依然不動，就像陸地上任何一叢灌木，任何一盆人工養植的盆栽。樹與水在拔河，而我們看不見力的拉扯。樹是那樣篤定仰望天空的藍，水是那樣篤定奔向未來的多彩。再向前，蘆葦海，深藍色的一條水流靜靜通過一大片淡褐色的蘆葦叢，無爭無涉，水，藍著水的藍，蘆葦，褐著蘆葦的褐黃；水，流著水的藍，蘆葦，頂著蘆葦的褐黃，無爭無涉，彷彿老子的國度：雞犬相聞，老死不相往來。靜靜的存在。這時，我們應該靜靜坐在蘆葦邊陲，默默融入為蘆葦海裡一枝不必思想的蘆葦。

這時，如果我們靜靜坐在蘆葦邊陲，看著碧澗泉水清澈，寒涼的高原上，一輪明月靜靜俯瞰著我們，那樣的境界會是多麼的高華、安詳！

寒山和尚（約活躍於唐德宗至昭宗年間）的詩：

碧澗泉水清，
寒山月華白。
默知神自明，
觀空境逾寂。

正是這樣高華的境界啊！「碧澗泉水清，寒山月華白」這樣高華的境界，寒山和尚用來譬喻禪定與智慧所能到達的神妙之境。默知，靜靜的領會，是一種禪定的精神狀態，是心神專一，可以收攝萬象，感應萬物的心靈現象。觀空，則是一種智慧，定靜的心靈可以產生智慧，觀萬物之空，這時，神自明，境逾寂。

到達九寨溝，我們欣賞了「碧澗泉水清」的如洗之境，那一天晚上，在住宿飯店的十二生肖廣場，我舉頭望月，正是「寒山月華白」的光景，那是境寂、神明的時候，那是禪定、心慧的境界，我們從水月的欣賞中領會，能不能有一天，我們從真正的禪定、智慧中，醍醐灌頂一般，我們也領會「碧澗泉水清，寒山月華白」這樣高華的境界。

——原載二〇〇一年八月七日《人間福報・覺世副刊》

溪聲便是廣長舌

樹正溝、則查窪溝、日則溝三溝交匯處，位置最為顯赫，景色也最為突出，那裡是九寨溝最壯觀的「諾日朗」瀑布，「諾日朗」，在藏語裡就是壯觀的意思，層次，面向，高度，都可以一言以蔽之，大聲用藏語說：「諾——日——朗」那樣壯觀。但是不管你用多壯觀的聲音說：「諾日朗」，都被千軍萬馬的瀑布聲所掩住。這時我忍不住懷疑，這樣壯闊的水流縱落，竟然是瘦瘦那條穿過蘆葦海的深藍色水流的上游？

九寨溝的靈魂，那謎樣的水，令人沉醉，應該是什麼樣的美酒、什麼樣的滋味？「諾日朗」那瀑布，那樣大聲說著的肺腑之言，激盪著我的心胸，又是什麼樣的思想聖賢？

坐在車子裡，「諾日朗」瀑布的震撼聲還在我心頭迴盪，那水色的白仍然以絲綢垂掛在風中的搖曳之姿飄拂在眼前；環保的綠色車子繼續穿梭在綠色的保護林區裡，沿著則查窪溝，靜靜前行。靜靜來到有色無聲的「五彩池」。

「五彩池」深靜的水無聲流著，細細的水紋細緻地變幻著不同的顏彩，色度百分百的深藍是主色，淺淡的紫渲染在其間，隨意寬窄，翡翠綠、琥珀黃、天珠暗紅、鑽石晶亮，都在水底靜靜鋪展，靜靜變幻著不同的顏彩。這樣的五彩池靜靜地，是不是也在訴說著什麼樣的秘密，關於藏族，關於風與樹，水與天際？在斜坡的岩石堆間，我坐了下來，靜，綿綿密密一直在說著什麼，無聲的溪、多顏彩的水，綿綿密密一直在說著什麼，誘我瞪眼直視、側耳傾聽，那是不同於「諾日朗」瀑布激盪的信息，不一樣的思想主題，卻是一樣的聖賢哲士。

下午我們轉向「日則溝」，最後一站是比「五彩池」更寬闊、更狹長的「五花海」，朋友正站在「五花海」勒字的石頭前照相，我笑說：別把「海」字遮住了，讓人誤以為是「五花肉」。當時在場的，識與不識的臺灣人、中國人都笑了。「五花海」、「五花肉」，一種雅與俗的對比，就在無聲的溪、多顏彩的水邊，靜靜呈現。其實，在未抵達「五花海」之前，我們曾徒步走過「珍珠灘」，嘩啦啦的白色水花，就像臺灣白河的眾蓮爭著獻出她們的美，倏起倏沒的是白色水花，持續不斷的是水聲，永恆的嘩嘩啦啦，不是瀑布的一氣呵成之聲，不是「五花海」連海中的千年古木也沉思的那種靜，「珍珠灘」的珍珠呈現了珍珠翻滾之美，溪水多語的能力。

有時奔騰如瀑布，有時沉靜似深潭，有時是聒噪珍珠灘。溪水，到底她真正要說的是什麼？我想起四川人蘇東坡（一〇三七～一一〇一）的詩〈贈東林寺總長老〉：

溪聲便是廣長舌，
山色豈非清淨身？
夜來八萬四千偈，

他日如何舉示人？

廣長舌是佛法的借代，清淨身可以譬喻佛性、自性的清淨。禪是無所不在的，就像佛無所不在；溪聲、山色，都有禪意，都有佛性；溪聲、山色，都是般若，都是法身；如能領悟，一夜就有八萬四千偈可以深深體會。面對九寨溝這樣的世界自然遺產，我們知道蘇東坡的詩不算誇飾，只是：他日又該如何舉示人？

——原載二〇〇一年八月十四日《人間福報．覺世副刊》

真的不看水了嗎？

一般傳述，九寨歸來不看水，因為「曾經滄海難為水」——那是極言滄海之大，所以也可以說「曾經九寨難為水」——那是極言九寨之變。事實上，從九寨溝出來，沿著嘉陵江的高原緩緩降低高度，我仍注視一路上伴隨在側的嘉陵江水，嘉陵江水有隔壁女孩的凡常之美，絮絮叨叨說著你懂我也懂的話語，就像一篇優美的散文，偶爾也有她令人驚喜的窗景，那是我們可以會心一笑的時候。我相信：水花有水花的美，默默流著的水則有水永遠不變的美；草花有草花的美，默默長著的草葉自有草葉自己的美。

離開九寨溝時，我心中仍然想著四川人蘇東坡的詩：

廬山煙雨浙江潮，
未到千般恨不消。
到得還來無別事，
廬山煙雨浙江潮。

以前看這首詩，喜歡他短短才四句的七絕竟然鋪造兩句類句，唸起來又那樣順口暢意，完全符合「起承轉合」的結構，繞了一圈，終點竟然就是起點。

後來讀這首詩，印證生活經驗，我們往往對某個名勝充滿著極大的嚮往，及至去到名勝，發現：所謂名勝也不過爾爾，心中不免升起一份惆悵感，這時就會覺得東坡居士真能先見別人之所未見，先言別人之所未言，對於「廬山煙雨浙江潮」這樣的大山大水，豈能不日夜嚮往？一般人的情緒真會有「未到千般恨不消」的感覺，真正見識了，還不就是大山大水，情緒當然會緩緩平復下來，再想想當初的興奮感，自己也覺得，好像不必那麼激動。四十歲以上的人，想想自己當年作為歌迷、影迷的風靡情景，大約都會笑自己的幼稚，笑自己為什麼當時那般「恨不消」，因為他已看清「廬山煙雨」只是「廬山煙雨」，「浙江潮」也不過是「浙江潮」而已。

從九寨溝出來，再想想這首詩，我們所看過的九寨溝仍然在隱蔽的阿壩州裡，仍然澎湃著他的澎湃，洶湧著他的洶湧，千萬人看過的大自然仍然是不變的大自然，李白欣賞過的月亮高掛在長安的天空，如今也高掛在臺北的天空，不肥不瘦，無增無減，我們的恨，我們的愛，絲毫沒有改變「廬山煙雨浙江潮」。

東坡先生逝世於宋徽宗建中靖國元年（一一〇一），再過幾天——二〇〇一年農曆七月二十八日（新曆九月十五日），是東坡先生逝世九百年紀念日，不知當初他寫這首詩時是否想到吉州青原惟信禪師有名的一段話：「老僧三十年前未參禪時，見山是山，見水是水；及至後來親見知識，有個入處，見山不是山，見水不是水；而今得個休歇處，依前見山只是山，見水只是水。」將東坡這首詩與青原惟信禪師三句話相對映，若合符契，有著相同的智慧：

廬山煙雨浙江潮，——見山是山，見水是水

未到千般恨不消。——見山不是山，見水不是水

到得還來無別事，

廬山煙雨浙江潮。——見山是山，見水是水

我們是經由生活體驗而理解蘇東坡的「廬山煙雨浙江潮」，還是經由佛理的參悟認識了蘇東坡的「廬山煙雨浙江潮」？其實已無關緊要。我們看著山水時，依然會反覆思索「是山是水」還是「不是山不是水」，這種思索的樂趣是隔壁女孩思索的樂趣，見證隔壁女孩的凡常之美，尋常飲水之美，我們一樣珍惜。

——原載二〇〇一年九月十一日《人間福報．覺世副刊》

輯四

清風天地

四十七歲那年與五十五歲這年

四十七歲那年，蘇東坡在黃州，築「東坡雪堂」，自號東坡居士。兩次遊黃州的赤壁，寫下有名的前後〈赤壁賦〉，膾炙人口的「大江東去，浪淘盡，千古風流人物」那一闋〈念奴嬌〉。

〈赤壁賦〉，根據調查，是高中國文教科書中學生最喜歡的一課，他有詩的聲律之美，又有文的活潑氣息，「浩浩乎如憑虛御風，而不知其所止；飄飄乎如遺世獨立，羽化而登仙。」唸起來順口，聽起來順耳，感覺起來不也十分順心嗎？浩浩乎，飄飄然的感覺，正是生活在有限空間裡的無限期望，我們大家共同的夢。

東坡又以「我和你」都是「寄蜉蝣於天地，渺滄海之一粟」，取得讀者的認同感，慢慢地，我們也會覺得「江上之清風，與山間之明月」是「吾與子」（不就是「我和你」）之所共適，多少名韁利鎖彷彿都在此刻卸除下來，只要能縱情在山水之間，我們似乎就可以看到天地瞬息萬變，看到自己也能寂然不動與萬化冥合而皆無盡，這時，景與情交融，人與天合一，吾與子共適，古與今相通，彷彿我們就是赤壁月光下那個蘇東坡，盪著船，飲著酒，唱著好長好長的歌。

所以，四十七歲的蘇東坡徹悟大地萬物「變」與「不變」的道理，〈赤壁賦〉的最後，他說：「客喜而笑，洗盞更酌。肴核既盡，杯盤狼藉。相與枕藉乎舟中，不知東方之既白。」這種由內而外的喜樂，由內而外的改變，使人完全舒放，呼呼睡去，不知東方之既白。流傳千古的〈赤壁賦〉就這樣結束嗎？人生悟境就這樣而已嗎？

四十七歲那年，我因為〈赤壁賦〉而領悟：不管人生如何變與不變，我們期望的，真的也不過是：

「肴核既盡，杯盤狼藉」的——吃得下

「相與枕藉乎舟中」的——放得開

「不知東方之既白」的——睡得著

那一年我寫下〈四十七歲的蘇東坡四十七歲的我〉。

今年，東坡逝世九百週年，五十五歲的我又想起了蘇東坡，五十五歲那年他又寫下了什麼富於禪意的作品？

宋哲宗元祐五年，蘇東坡到杭州的第二年，疏浚了西湖，建造堤橋，成就了今日「蘇堤春曉」的美景。這年五十五歲的他寫了〈贈劉景文〉詩，詩中以兩種同音的植物（菊與橘）的風骨，期許當時駐守杭州的兩浙兵馬都監劉景文（本名劉季孫）：

荷盡已無擎雨蓋，
菊殘猶有傲霜枝。
一年好景君須記，
最是橙黃橘綠時。

菊花雖殘落，卻仍有傲視霜寒的枝枒。蘇東坡以荷盡無葉來襯托殘菊的傲霜枝，以「橙已黃」來襯托「橘猶綠」。時已初冬，傲霜的菊枝，猶綠的橘樹，因為有耐寒的品格，而能擎天而立。五十五歲的人也已進入人生的初冬，是不是也有這樣的傲霜風骨？

這正是蘇東坡所深深叮嚀，而我所深深誡惕者。

——原載二〇〇一年九月十八日《人間福報・覺世副刊》

動

蘋果放在桌上是沒有滋味的。

乾嚥口水的嘴也不能理解什麼是酸甜苦辣。

蘋果是「甜」的「因」，但如果沒有遇上唇舌——這樣的「緣」，也就不能顯現蘋果的「甜」這種「果」。

儒家講「仁」，仁是二人之間舒適自在的關係；植物學家也講「仁」：花生仁、杏仁、核桃仁，那是植物的種子，花草樹木賴以延綿子孫，傳宗接代的唯一憑藉。

種子是因，就一定會有「開花結實」的「果」嗎？

有其因未必有其果。

試想：種子落在岩石上，如何能有果？種子要埋入泥土裡，有泥土、有陽光、有水這樣的緣，才有可能結成果。其間，「時間」也是重要的緣，「因緣」未成熟也就不可能有「姻緣」。

因果因果，重因還是重果？據說，菩薩重因，眾生重果。菩薩是覺者，有大智慧的人，他們知道「要怎麼收穫先怎麼栽」。

文學家蘇東坡又如何看待因果呢？他的〈琴詩〉提出了有趣的說法，讓我們一下子就能領會因緣湊合的美妙：

若言琴上有琴聲，
放在匣中何不鳴？
若言聲在指頭上，
何不於君指上聽？

兩個諧趣的設問，要讀者自己思索：琴匣裡的琴能自己發聲嗎？手指頭上的敏銳、靈活能自己彈奏出音樂嗎？而，蘋果有滋味嗎？

蘋果的紅潤，對目盲的人是沒有意義的。

蘋果的芬芳，對鼻塞的人是沒有意義的。

緊閉的泥土，肯定不能結任何果。

緊閉的心扉，又有什麼紅潤閃現、芬芳騰昇？又有什麼閃現的紅潤、騰昇的芬芳對他具有意義？

因此，我想起六祖慧能遇到的兩個小和尚，「風吹旛動」到底是風動還是旛動的爭論，不正是風與旛的因緣湊合才有的結果嗎？至於「仁者心動」，那又是第二度的因果了。風吹旛動的景象，眼睛的人當然看不到，但是，有眼無心的人也是不可能看到的，唯有「仁者心動」才見到這樣的因果，而今日，我們又在思考這樣的公案，那又是第幾度的因果呢？

蘇東坡將近九百年之前的詩，我們今日的心動，不也是美好的因緣？

——原載二〇〇一年九月二十五日《人間福報‧覺世副刊》

昔年不住，今者無來

七月份裡我們有兩週的時間，在四川的成都、阿壩、重慶、武漢休閒，我們到過杜甫的草堂，李白的紀念公園，甚至於遠遠望見站在故鄉秭歸的屈原，經歷酈道元〈水經江水注〉的驚險，在睡夢中不憂不樂還經過岳陽樓，醒來再登崔顥的黃鶴樓看夕陽、水波、雲煙，發現我們雖不是李白卻也跟李白一樣在此擱筆讚嘆。七月，四川，我們在山水與文學之中穿梭，在笑聲與友誼裡圓一個美學的圓。

同行的友人曾與我戲約，下輩子繼續與我為兄弟，當時我曾想：是蘇軾蘇轍那樣的兄弟嗎？

四川，兩週，我們在山水與詩詞裡穿梭，在笑聲與兄弟姊妹般的情誼中戲浪逐波。我們還上過李白都未曾上過的高度，到過杜甫都未曾到過的九寨溝。可是我們也發現：

我們未能叩訪眉山，無緣見識蘇軾築室的東坡。何況，今年又是蘇東坡逝世九百週年的特殊年份，空間是四川，時間是二〇〇一年，我們竟然如此緣淺，入了蜀，卻與東坡擦肩而過。

遺憾。所有曾經在課室裡講授過蘇東坡的朋友都說這是一種遺憾。「何所聞而去，何所見而回？」檢討當初旅程的設計，興奮於三峽、九寨溝的山水，卻疏忽了人文景觀的安排，不過，聞九寨溝而去，見李杜而回，其實也不能說是旅遊的憾悔。蘇東坡曾「聞釋辨才法師歸上天竺」，「以詩戲問」，詩的後半段問的就是這兩句：「何所聞而去，何所見而回？」詩中，天竺寺住持辨才法師笑而未答，東坡自己提出了「昔」與「今」、「住」與「來」的辯證，在問而未答的情境裡，有一種超脫的心，詩的後十句這樣說：

寄聲問道人，借禪以為詼。
何所聞而去，何所見而回？
道人笑不答，此意安在哉？
昔年本不住，今者亦無來。
此語竟非是，且食白楊梅。

用輕鬆的態度與禪師戲問笑談，用詼諧風趣的語言論道說禪，就是一種超脫。孟子曾言「說大人則藐之」，說服大人時，內心先要去除敬畏，才能據理力爭，孟子的目的在說服，蘇東坡則是在呈現自己的心得，歡迎朋友的歸來，不必「藐之」，心情自有不同。因此，最後兩句說：如果這話我說錯了，我就多吃一點「白楊梅」（杭州人稱白楊梅為「聖僧梅」），多增一點智慧吧！以這樣的兩句調侃自己的話結束全詩，正是「談笑間，檣櫓灰飛煙滅」的寫照。對映前十句詩，說道人出山去，白雲不笑，青松有餘哀；道人歸來，山中的生機瞬間勃然而發；修辭「誇飾」，可以看出兩人相知甚深；敘景「轉化」，則是自己思念朋友、歡喜朋友歸來的心意投射；前後「對比」巨大，突顯了「戲問」的效果。前十句詩如下：

道人出山去，山色如死灰；
白雲不解笑，青松有餘哀。
忽聞道人歸，鳥語山容開；
神光出寶髻，法雨洗浮埃。
想見南北山，花發前後臺。

這樣誇張的戲謔語，不論是對人或對己，在這首詩中，其實都因為「昔年本不住，今者亦無來」的體會。無住，所以無來；昔無住，所以今無來；今無住，所以未來也就無所謂「去」。「白雲不解笑」／「花發前後臺」，都不該是我們喜怒哀樂之所依憑。

所以，我入了蜀，卻未見蜀人三蘇，那就在其他的山之巔水之湄天之涯海之角再相見吧！那樣的相見，說不定有著另一種驚喜。

——原載二〇〇一年十月二日《人間福報．覺世副刊》

他日相逢，清風天地

終於要離開四川了，我不是四川人，也不是在四川成長的人，終究有一點不捨，不過，還是捨了。多看一眼都江堰，多看一眼杜甫草堂，多看一眼李白飄逸的身影，多看一眼黃鶴樓，多看一眼長江，多看一眼，祇能如此而已。

不像曾經在四川生活過的余光中（一九二八～二〇一七），余光中的〈成都行〉，寫自己「入蜀」只用七四七的展翼，輕輕的放下，就把半世紀深長的回憶如掃開千里灰霾那樣掃開。寫「我入了蜀」之後，還要強調「辣喉的是紅油／麻舌的是花椒／大麴酒只消一落肚／便掃開歲暮的陰寒如掃開／半世紀貪饞的無助」，說這是「蜀入了我」。這一入，見出了人對土地的深深眷戀，只是生活過的一片土地，就讓她進入了自己的生命內裡。

余光中簡單幾句交代「入蜀」，卻以三十二行的詩句，一口氣說出離開四川的不忍，剛一離開，「鄉愁」就起：「七四七忽然發一聲長嘯／猛撼諸天驚駭的雲層／便赫赫轟轟縱上了青霄／壯烈的告別式／就用如此斷然的手勢／把我拔出這盆地，這天府／把無鳥噪晨無貓叫夜的古都／把無犬吠日也無日可吠的蓉城／把滿城的茶館，火鍋店，標語，招牌，標語／把滿街的自行車，三輪車，貨車，麵的／把法國梧桐，銀杏樹，黃金的秋葉／把草堂，武侯祠，三蘇祠，二王廟／仰不盡的對聯，跨不完的門檻／一炷香自在地上升，流芳了千年／怕什麼風吹呢什麼運動？／把樂山的大佛，都江堰的雪水／把峨嵋到玉壘，古今的浮雲／把巴金的童年，李白的背影／把一萬萬巧舌的巴腔蜀調／大擺其龍門陣，不用入聲／滔滔不斷如四川南注長江東流／把三分國，八陣圖，蠶叢的後代／把久別的表親，七日短聚／把送行的蜀人，揮手依依／就這麼絕情的一搖機翼／全都抖落，唉，在茫茫的下方／但一縷鄉思卻苦苦不放／一路頑固地追上了天來／且伴我越大江，凌雲貴，渡海峽／先我抵達了西子灣頭／只待我此岸獨自再登樓／冒著世紀末漸濃的暮色／隔海，隔世，眷眷地回首」眾多四川風土人物都是抖不落的鄉愁。才一離蜀，鄉思即起。那才是難分難捨，難捨難分，余光中和他的四川。

不過，這是儒家美學的余光中，若是佛家釋子又會如何看待這樣的分與捨？五代時的和尚貫休（八三二～九一二），說自己「一瓶一缽垂垂老，萬水千山得得來」的臨老心境，自己曾經遊歷的萬水千山都是有情的天地，一幕一幕得得而來；萬水千山都已如此有情澎湃，更不用說有情的人與物會如何洶湧不已！「得得來和尚」貫休有一首〈擬古別離〉的詩，可以看出他看待別離的心情：

離恨如旨酒，古今飲皆醉。
只恐長江水，盡是兒女淚。
伊余非此輩，送人空把臂，
他日再相逢，清風送天地。

長江水日夜滾滾不停，會是滴不盡的兒女淚嗎？把臂相送吧！今日別離，清風送天地，他日相逢，清風送天地。清風天地，也可以是人世的另一種瀟灑啊！

——原載二〇〇一年十月九日《人間福報·覺世副刊》

萬里無寸草

世界之大，可以大到什麼樣的程度，不是我們的智慧所能想像。或許我們可以侃侃而談：關於宇宙、六合、八荒、九垓，關於荒漠、雪地、汪洋、浩淼，一望無際。可是，實際上置身在那浩瀚境域時，身心所受到的震懾，豈是三言兩語可以說盡，豈是一年半載可以平復？

我去過鳴沙山，綿亙四十公里，放眼望去，高的低的遠的近的都是沙，單純的事物拉近了我們與天的距離，天就在伸手可以觸及的地方，彷彿越過了這一片沙原，那褐黃與湛藍相交接之處，站著就可以摸到我們一直想望的藍天。四周環視一

遍，除了沙沒有任何生物，地平線約略顯出他的弧度；沒有任何建築物，感覺地球真是圓的，往下微微傾側；沒有神，我們只能俯身注視自己。

我的朋友，詩人白靈（莊祖煌，一九五一～），在不同的時間也去了一趟大戈壁，回來寫了一首詩〈大戈壁——敦煌旅次所見〉，他說：「一張由你經文寫就的／毯子／自你腳前向天邊／抖去／看不懂經文的一粒沙／在其中翻滾／滾向／頓悟／地平線上／果然／滾出一輪／落日／〇／但我佛，這是／經書的哪一頁／你指間拈起的一瞬／僅剩落日／與我，二字／面對面／相互凝視／身高等長／中間坐著／好大的／空／〇」沙的世界裡，四周環視一遍，我沒有看到神，白靈卻發現了我佛與經文，發現了一粒沙與落日的生命齊一同等，而落日與我之間卻是好大好大的空，好大好大的空。好大好大的空——（間），白靈若有所悟。

當然，白靈也體悟到生命的微渺：「飛，不如不飛／動，不如不動／駱駝草和小石子啊／那不言不語／即將溶去的落日／就是我啊／側身於你們之間／體會冷成一句經文的／荒涼」，生命的荒涼。——在那麼廣袤的沙漠裡，落日也只是荒涼的生命，靜靜展示著生命的荒涼。

前輩詩人向明（一九二八～），最近自內蒙歸來，寫了一首〈草原哀歌〉，為了顯示草原的荒涼無盡，詩以橫排的方式不加任何標點齊齊整整一路延伸下去，好像那無盡的草原無盡的生命的荒涼無盡的延伸……

一路心心相連到不知止盡的天邊的是永遠祇能貼地望天不可及摘星而手無能的無聲無臭的宿命我長高一寸風沙來削去五分我剛露出綠色的希望冰雪會漫天壓下一秋一冬還讓刺骨的春寒試探我的堅忍我們永缺雨露的滋潤徒讓蝗蟲乘旱漫生大嚼我們可憐的稚嫩不是我們要霸佔如許的大地而是大地空茫到沒有一條路讓我們走出去我們才這麼無相疲乏如一張發黃的屍布這大而無外的草原實是無望的蒿草侏儒癱瘓推擠而成

向明為草原而哀，「大地空茫到沒有一條路讓我們走出去我們才這麼無相疲乏如一張發黃的屍布這大而無外的草原實是無望的蒿草侏儒癱瘓推擠而成」，這樣的一片草原，當他冬寒枯絕時，真的「疲乏如一張發黃的屍布」，我們如何看見來春的生機？就在這當下，草原枯絕如荒漠，原該活潑潑的生命枯絕如荒漠，我們能像雪峰義存禪師（八二二～九〇八）那樣體會嗎？

萬里無寸草，
迥迥絕煙霞，
萬劫長如是，
何需更出家？

在「萬里無寸草」的地方，在寸草無生機的所在，想到萬劫長如是，就真的體會到萬象一「空」，「空」——真的好大好大，就在那當下，好大好大的空，出家所要體悟的也就體悟了。白靈和向明，多竅的心靈，荒涼與哀之後，好大好大的空之中，他們會升起什麼樣的煙霞、自己的煙霞？

——原載二〇〇一年十月十六日《人間福報．覺世副刊》

漂漂浮浮水上漚泡

讀李白的詩：

君不見黃河之水天上來，奔流到海不復回？君不見高堂明鏡悲白髮，朝如青絲暮成雪？人生得意須盡歡，莫使金樽空對月。天生我材必有用，千金散盡還復來。烹羊宰牛且為樂，會須一飲三百杯。

一開始，總覺得一種李白式的瀟灑：每一個朗誦李白〈將進酒〉詩篇的人，總會誇張地將第一句以最有氣勢最具氣魄的磅礴聲腔誦出，尤其讀到「黃河之水」的「水」似乎要繞過半個地球畫個半弧才回來，「天——上——來——」拉得又遠又

長，彷彿不如此不足以表現李白的豪興，彷彿不如此不足以「李白」自己。可是，這樣的氣勢如何接續「奔流到海不復回」時光一去不復回的感慨？飲酒的人不會去想這些，飲酒氣氛要的是：「天生我材必有用，千金散盡還復來」，要的是：「烹羊宰牛且為樂，會須一飲三百杯」；以曾永義為黨魁的「酒党」、「党歌」表現的就是這種「飛揚跋扈」：「酒是我們唯一的飲料，酒是黃河浪，酒是錢塘潮，酒是洞庭水，酒是長江嘯。黃河滾滾，錢塘浩浩，洞庭渺渺，長江滔滔。滾滾浩浩，渺渺滔滔，滔滔滾滾，浩浩渺渺，一氣瀰漫了太平洋的波濤。」

年輕的時候總以為「君不見」開頭的詩句就要是這樣的黃河之水、一氣瀰漫了太平洋的波濤才能相配，「你沒看到嗎？」一種得意，一種傲然，一種君臨天下的威儀。

後來讀南北朝善慧大士（傅大士，四九七～五六九）的〈浮漚歌〉，「君不見」開頭的詩句也可能是看那些細細小小的漚泡。將「黃河之水天上來奔流到海不復回」這樣的詩句，跟〈浮漚歌〉一道欣賞，或許心中的震撼會更大吧！

君不見：

驟雨近看庭際流，水上隨生無數漚。
一滴初成一滴破，幾回銷盡幾回浮。
浮漚聚散無窮已，大小殊形色相似。
有時忽起名浮漚，銷盡還同本來水。
浮漚自有還自無，象空象色總名虛。
究竟還同幻化影，愚人喚作半邊珠。
此時感嘆閒居士，一見浮漚悟生死。
惶惶人世總名虛，暫借浮漚以相比。
念念人間多盛衰，逝水東注永無期。
寄言世上榮豪者，歲月相看能幾時？

君不見：「黃河之水奔流到海不復回」，君不見：「逝水東注永無期」，說的不都是同一件事嗎？

同樣是黃河之水，有人看到「黃河之水天上來」，有人看到「黃河之水奔流到海不復回」，我人看到什麼？

同樣是水的本質，有人看到「黃河」，有人看到「浮漚」，我人又看到了什麼？

同樣是浮漚，海邊釣魚的釣手想到什麼？汐止的人想到什麼？我們又想到什麼？

如果我們都看到「歲月相看能幾時？」我們會有相同的恍然，還是不同的恍惚？

——原載二〇〇一年十月二十三日《人間福報・覺世副刊》

不能為自己理髮的人

隔一段時間總要上一次美髮中心，修剪頭髮，讓頭皮以上的東西藝術氣質少一些，教師的模樣多一些。這天，到了一家平日固定前往理髮的小店，客人不多，剛一坐下來，旁邊的客人就跟我打招呼：「蕭老師你來了！」我忙著調整自己的座椅，一面漫應著：「是啊是啊。」心想：自己倒真是越來越有名了，連理個髮也會有人認出我來。

坐定以後，我往聲音發出的右邊轉頭一看，哈！哪是什麼客人、讀者！就是每次為我修剪頭髮的先生啊！心中一陣失望和慌亂……

「啊！你也要給人家理頭髮啊！」

慌亂中拋出這樣一句話，講完才發覺：要不，如何自己理髮？理髮師如何自己推剪子？對著鏡子，左與右是完全相反的，後腦的地方與眼睛的方向也相反，看也看不到，如何修剪？

我竟然不知道：一般人是不可能自己為自己理髮的。後來想想，不止我不知道，恐怕連總統、做過總統的人都不一定知道，立委啦、黨主席啦都不一定知道。十一月一到，選舉的熱鬧活動就要開始，不知道：一般人是不可能自己為自己理髮的人，一定更多。

宋朝末年的石屋清珙禪師（一二七二～一三五二）曾有一詩寫裁縫，他說：

手攜刀尺走諸方，
線去針來日日忙。
量盡別人長與短，
自家長短幾曾量？

很多遊方和尚到處參請大師禪學佛法，比較這位高那位低，可是有沒有反思自己原是為何而來？

很多候選人說人長短，道人是非，有沒有想過自己正是是非場裡人？自己也完全暴露在別人量長計短的有效距離中？

我們雖不是政治上的候選人，卻可能是天堂或極樂世界的候選人，有沒有每天為自己留一段這樣的空白：

在量盡別人長與短之後，想想自己有沒有自己的境界？那樣的境界是高是低？——有沒有思考：在努力盡量（ㄌㄧㄤˊ）別人長與短時，如何會有反思自己的空間與時間？會有這樣的一段：空白嗎？

——原載二〇〇一年十月三十日《人間福報．覺世副刊》

輯五 出鄉還鄉

出鄉關

同樣是星期二，可以在《人間福報》讀到李瑞騰教授（一九五二～）的專欄《疼惜篇》，那是他的成長散文，在策畫學術活動、撰述學術論文之外，另一種可親的面貌。從南投草屯鄉下北上奮鬥，多少人情的繫聯、多少溫情的記憶，多少暗夜的酸辛、多少暗自的決心，都在這些篇章中一一吐露。同樣是教授，比起林建隆（一九五六～）的《流氓教授》少了一些小說性的傳奇，戲劇性的衝突，卻有著更多：人間的平實，生活的溫馨。

我比李教授癡長將近十歲，早在民國七十一年春天即曾出版《穿內褲的旗手》

記述四〇年代、五〇年代臺灣農村生活，回味童年的甘苦；第二年冬天，爾雅出版社將這本書（增減部分篇章）易名為《來時路》，擴大發行；十八年後的今年十二月，這本書（增減部分篇章）將以最新面貌《父王．扁擔．來時路》三度面世。一家出版社願意為一本書如此費心改版再三，無非是「疼惜」出外人成長的艱辛。有趣的是，李瑞騰的專欄命名為〈疼惜篇〉，我在《來時路》的〈序〉文中說，願將這本書「獻給曾經在這塊土地上勤奮耕耘的鄉親，獻給真正心懷家國擁抱鄉土，真正疼惜這塊土地的人」，這種珍惜、疼惜的心情，原是相通的聲息，相同的情義。有趣的是，爾雅出版社發行人，是小說家也是詩人的隱地先生，將他渡海來臺成長的經歷，以散文筆觸的真摯、小說筆法的動人，寫成為《漲潮日》，書出不到一年，同行而不相忌的出版同業「玉山社」竟於今年發行繪圖的少年版《漲潮日》，再度證明：這種珍惜、疼惜之心，原是相通的聲息，相同的情義。

只是我們也奇怪：為什麼我們都會離開自己出生的土地，外出奮鬥，瑞騰離開他的南投，我離開我的彰化，為什麼？

以前我一直以為是受到一首詩的影響：「男兒立志出鄉關，學若不成誓不還。

埋骨何需桑梓地，人間到處有青山。」這是早年在鄉下看布袋戲學會吟唱的詩，總覺得是男兒就該立志出鄉關，學若不成哪有臉回家鄉？埋葬遺骨何需家鄉的土地，只要是青山就可以是安身處，因此，從小就毅然決然，立下出鄉關的大志。最近讀《景德傳燈錄》卷二十九，宋初「同安常察禪師」的〈十玄談〉詩，其中第四首〈塵異〉的結語：「丈夫自有衝天氣，莫向如來行處行。」倒覺得更能切中少年時的毅然之心，決然之志。否則，類似貧農家庭出身的孩子，李瑞騰和我之流，如何有膽敢向天邊行？

李瑞騰和我是否是有衝天之氣，其實不是重點，重要的是求道的人是否有「不向如來行處行」的「異於塵」的決志？〈塵異〉全詩如下：

濁者自濁清者清，菩提煩惱等空平。
誰言卞璧無人鑒，我道驪珠到處晶。
萬法泯時全體現，三乘分處假安名。
丈夫自有衝天氣，莫向如來行處行。

人世間濁者自濁清者自清，悟道時菩提煩惱可以同等看待。真正傑出的人才就像卞璧、驪珠，自會有真正的鑑賞者，真正領會的至道，也像卞璧、驪珠，自會到處閃耀晶亮的光芒。能真正看空「萬法」，心之全體自性自然就會呈現；著眼在「三乘」經典分別的地方，那只是暫時安寧的假相。所以必須有衝天的志氣，向萬里無寸草處行腳，向如來從未行過的地方大步而行。卞璧、驪珠，就是「異於塵」之人，「萬法泯時」就是「異於塵」之時，「莫向如來行處行」就是「異於塵」之志，能與塵異，才能有「異於塵」之功。

遠離鄉關，行旅八方，就是不走大家都走的捷徑。

五十歲以後，我們還有「莫向如來行處行」的壯志嗎？還有再出鄉關的雄心嗎？

——原載二〇〇一年十一月六日《人間福報．覺世副刊》

回到自己的鄉

他鄉各異縣，誰肯相為言？流浪在異鄉的遊子最能體會這兩句話。縱然是「丈夫自有衝天氣，莫向如來行處行」，難免也有落寞的時候。因此，同安常察禪師在他的〈十玄談〉十首詩中，〈塵異〉之後是〈佛教〉，〈佛教〉之後就是〈還鄉曲〉：

勿於中路事空王，策杖還須達本鄉。
雲水隔時君莫住，雪山深處我非忘。

尋思去日顏如玉，嗟嘆迴來鬢似霜。

撒手到家人不識，更無一物獻尊堂。

這是以還鄉來比喻領悟至道的過程。勸戒我們不要在中途禮事「空王」（佛為萬法之王，又曰空王），即使策杖也須到達本鄉，雲水蒼茫，山險水阻，都不要停留，雪山深處才是真正的「家」，不可忘的「家」。「雪山深處」的「雪山」，有人說是終年積雪的喜馬拉雅山，我想這裡的「家」不是實指，不是真正跟家人共同生活的那個家，因此，「雪山」也就不必實指喜馬拉雅山，而是我們所要到達的，所要領悟的那個至道，是我們身心可以安頓的地方。雪山已經是迢遙的所在，雪山深處又在更深更深白雲生處，所以「去日顏如玉」，「迴來鬢似霜」，少小離家老大才回，正如唐詩所言「鬢毛」已「衰」。唐人賀知章寫的是真正還鄉，所以，「兒童相見不相識，笑問客從何處來？」同安常察禪師寫的是悟道的歷程，所以，「撒手到家人不識，更無一物獻尊堂」，這裡的「不識」是一般人無法體會的悟道境界，「撒手到家」是空，「更無一物」還是空，然而，這裡卻是身心安頓的所在。是「空」，所以才是身心安頓的所在吧！

是「家」，所以才是身心安頓的所在吧！

我們不一定認得「空」的妙境，我們卻一定認得「家」的溫暖。

宋神宗時代的法昌倚遇禪師也有一首七絕，顯示悟道的喜悅是還鄉的喜悅：

〈**送僧**〉

黃菊香時綠草衰，
杖藜林際話南歸。
也知舊岳無金石，
獨掩柴門對落暉。

過去遊賞的舊山岳已經沒有金石寶礦，掩起柴門，獨對落暉，等於是擁著無盡的寶藏。寶藏就在自己家中，就在自己懷裡，溫暖也是，也是在自己的家中，自己的懷裡。這就是還鄉的喜悅，悟道的喜悅。

——原載二〇〇一年十一月十三日《人間福報．覺世副刊》

破還鄉曲

現代名詩人向陽（林淇瀁，一九五五～）有一首詩〈立場〉，首段說：「你問我立場，沉默地／我望著天空的飛鳥而拒絕／答腔，在人群中我們一樣／呼吸空氣，喜樂或者哀傷／站著，且站在同一塊土地上」。這一段在說：鳥類翔飛天空，不拘泥一地一隅；同一塊土地上的人也應該有同體共悲的心，不分彼此。末段說：「不一樣的是眼光，我們／同時目睹馬路兩旁，眾多／腳步來來往往。如果忘掉／不同路向，我會答覆你／人類雙腳所踏，都是故鄉」。很多人喜歡他最後的那一句結論：「人類雙腳所踏，都是故鄉」。想想看，來臺灣已經超過五十年，能夠不把

臺灣當作新故鄉嗎？來臺北已經超過二十年，能夠不把臺北當作新故鄉嗎？臺灣是一個移民社會，是一個多元文化的國家，我們真的需要有這樣開闊的心胸，相互尊重不同的路向，不一樣的眼光。

向陽的這首詩彷彿是為了「破」同安常察禪師的〈還鄉曲〉而寫。既然人類雙腳所踏，都是故鄉，那又何必急於還鄉，不管路途多艱多險多遙遠？「執著」，可能就是今天臺灣社會亂象的病源，每個政客彷彿都在為了護衛自己的「鄉」而口沫橫飛，是這樣嗎？

其實，常察禪師在〈還鄉曲〉之後，唯恐俗眾拘泥於一個「鄉」字，執著在「還鄉」一個行動上，而僕僕風塵，而困頓旅次，馬上又有一首〈破還鄉曲〉：

返本還原事亦差，本來無住不名家。
萬年松徑雪深覆，一帶峰巒雲更遮。
賓主默時純是妄，君臣道合正中邪。
還鄉曲調如何唱？明月堂前枯木華。

「無住」，就是不停留，不停滯，《金剛經》上說：「應無所住而生其心」，本來就不應在任何地方迷戀，流連，所以才能在任何新的家鄉發展新的自己，所以「返本還原事亦差」。在這首詩中，禪師仍提醒我們：「道」在積雪深覆的萬年松徑裡，在白雲掩遮的一帶峰巒之後，當然，那也是「家」之所在，我們如何回去呢？下一聯：「賓主默時純是妄，君臣道合正中邪」，倒是值得深思的地方。分賓分主，分君分臣，是妄；君臣不分，賓主不分，也是邪。賓主君臣有他們的分際，也有他們可以共同著力的地方，如何去拿捏，如何去對待，不也是面對「家鄉」與「他鄉」的心情嗎？所以，還鄉曲調如何唱？他說：「明月堂前枯木華」，能體會明月映照下，堂前一棵枯木如何又開花的情境，或許就可以了然於胸了。

「賓主默時純是妄，君臣道合正中邪」這一聯可以再思考，唐朝張拙的〈悟道偈〉有類近的話：「斷除煩惱重增病，執著真如亦是邪。」斷除煩惱應該是好的，他卻說重增病；執著真如是對的，他卻說亦是邪。就像賓主有默契，賓主能盡歡，君臣能道合，相得而益彰，卻反而是妄，是邪。然則又該如何？

家鄉是可親的，然而，執意返鄉會不會成為另一種煩惱？會不會重增病？是不是正中邪？——所以，去之可也。

五代宋初人張拙，是一名中舉的秀才，他曾覲謁石霜禪師（八〇五～八八八），禪師請教他姓名，他說：「名拙」，石霜禪師說：「覓巧尚不可得，拙自何來？」張拙頓時心中開朗——去巧去拙，呈上這一首〈悟道偈〉，因而受到禪師的印可：

光明寂照遍河沙，凡聖含靈共我家。
一念不生全體現，六根才動被雲遮。
斷除煩惱重增病，執著真如亦是邪。
隨順世緣無罣礙，涅盤生死等空華。

他去巧去拙，你去「家鄉」去「他鄉」。他不一定要執著真如，你不一定要斷除煩惱，我不一定不要斷除煩惱。這才是同安常察禪師書寫〈還鄉曲〉又寫〈破還鄉曲〉的原因吧！

細心的人說不定還發現同安常察禪師的〈破還鄉曲〉與張拙的〈悟道偈〉，押相同的韻腳「家、遮、邪、華」，是不是因此受到觸發？——其實，受到什麼而觸發，就悟道者而言，也沒有什麼關係了！

——原載二〇〇一年十一月二十日《人間福報．覺世副刊》

枯木風華

「還鄉曲調如何唱？明月堂前枯木華。」同安常察禪師的〈破還鄉曲〉是這樣提示我們的。只是生活在現代都市叢林裡，真的不容易體會「明月堂前枯木華」是一種什麼樣的情境。試問：一年十二次月圓，你看過幾回明月？一年三百六十五天，你幾次走出客廳站在自家的陽臺瞭望？更不要問我們有沒有廳堂之前開闊的廣場？堂前有沒有樹木？堂前有沒有活了好久又死了好久的枯木？

宋末元初，無見先覩禪師（一二六五～一三三四）有一首〈和永明禪師韻〉的詩，一開始就說：「到家舊路須忘卻，未到家時路覺遙。」還鄉不一定循著來時路，來時路不一定是還鄉的捷徑。一個出門多年的遊子，時空、境遇有了多少轉變，鄉音豈能不改，鬢毛豈能不衰？因此，他又如何能期望家鄉不變、舊路依然？尋舊路還鄉，說不定舊路已不可尋，所以，還鄉不一定循著來時路。甚至於，到家之後，還鄉之路一樣可以忘卻。再出鄉，又是另一番境界！這樣的情況，不就像一番花開一番花謝，再開的花已經不是原來的花蕊。無見先覩禪師的〈和永明禪師韻〉全詩如次：

> 到家舊路須忘卻，未到家時路覺遙。
> 每見落花隨流水，笑看枯木上凌霄。
> 千尋學海空奇浪，一片心田長異苗。
> 構得茅庵可容膝，虛窗不礙四山朝。

落花從枝頭凋零，是空，落花隨流水，更是空；枯木無枝無葉，是空，枯木上凌霄，依然是空；所以，千尋學海「空」（去聲，動詞）奇浪，將一切奇浪都能看空，一片心田才可以長異苗；所以，最後的結語，「虛窗」就是向一切萬象都開放的「空」窗，才能「不礙四山朝」。

同安常察禪師說：「還鄉曲調如何唱？明月堂前枯木華。」

無見先覩禪師說：「到家舊路須忘卻，未到家時路覺遙。每見落花隨流水，笑看枯木上凌霄。」

他們都提到枯木，一個提到枯木的華之美，一個提到枯木依舊堅持凌霄的姿勢，他們都在枯木上看到了「空」以後的風華。

十一月初，我隨一群詩友親近玉山，驚見一大片白木林，在朗朗的晴日下，我坐了下來，內心一陣震懾，寫成一首〈玉山白木林〉，詩採直行排列，以「立足點」平等的方式行行獨立，行與行之間留空一行以顯示白木林之疏疏落落，全詩只有四行，不知是否也有另一種枯木的風華？

火紅才是真正的冶鍊，冰雪則是敬意

雕或不雕，或者不凋或凋

也不過是見證火與木的傳奇

天與地，你與我，永恆的對話：永恆的無語

——原載二〇〇一年十一月二十七日《人間福報·覺世副刊》

登玉山而曉臺灣

玉山，臺灣人的聖山。海拔標高三千九百五十二公尺，勝出日本的富士山，是東北亞最高的山峰。中國的東嶽泰山，高僅一千五百二十四公尺，以人的身體為喻，只達玉山的腰部，卻已是古來帝王祭天之所。所謂登泰山而小天下，自有一股王者之尊。以這樣的角度來看玉山，臺灣人不能不升高對玉山的崇敬。

根據玉山國家公園的報導：玉山山塊因歐亞、菲律賓板塊相擠撞而高隆，主稜脈略成十字形，南北長而東西短，十字之交點即為玉山主峰，海拔三千九百五十二公尺。日人據臺，以其高過日本富士聖山因而聲名大噪，登山者絡繹於途，至今仍

不減。從西南向眺，玉山尖峭崢嶸，由東北向觀，則雍容華貴；帝王之相，名實相符，不失第一風範。

當玉山斜眼看著兩千多年來中國帝王絡繹在泰山道上，匆匆忙忙竟是為了祭天，生活在他腳下的我們會想著什麼呢？

宇宙的遼闊？

人類的渺小？

臺灣的尊嚴？

歷史的可笑？

擁有這樣嵯峨的聖山，彷彿我們也挺著玉山一樣的脊樑。

當大家都說：「登泰山而小天下」時，面對高出泰山兩千多公尺的玉山，我們又該如何形容他呢？玉山國家公園的解說員竟然這樣說：「登玉山而曉臺灣」，登上玉山才知曉臺灣的地理景觀豐富、歷史變遷複雜、山川脈絡縱橫、物產分類繁多，登上玉山才知曉：不管多少林立的山頭其實都是相連的山脈。簡短的幾句話卻也說盡了臺灣地理景觀與人文特色之間的呼應。

下山以後，我讀到唐朝大中年間福建開元寺智亮禪師的〈戴雲山吟〉，其中一首這樣寫：

戴雲山頂白雲齊，
登頂方知世界低。
異草奇花人不識，
一池分作九條溪。

如果將這首詩的「戴雲」二字改成「玉山」，首句變成「玉山山頂白雲齊」，不也是歌詠玉山最好的詩篇？

如果再將「玉山山頂白雲齊」改成「高山頂上白雲齊」，境界會不會更寬？

智亮禪師還有一首〈戴雲山吟〉，對喜歡把山拿來比高低的我們或許有另一番啟發：

人間漫說上天梯，
上萬千迴總是迷。
怎似老人巖上坐，
清風明月與心齊。

釋智亮是晚唐來華寓居泉州的印度僧人，雲遊戴雲山，賦此〈戴雲山吟〉二首，常說：「身在紫雲（開元寺），顯在戴雲。」後來果然離開開元寺，結廬戴雲山，講經傳法。

但真要有所領悟，心與清風明月同樣清朗，倒也不一定要上玉山頂上哩！

——原載二〇〇一年十二月四日《人間福報．覺世副刊》

白木林的沉思

我們有三次機會逗留在鹿林山草坡地，第一次是黃昏的時候，我們從煙雨濛濛中回到山莊，正在為了無法透視飛騰的煙嵐，無法一睹玉山雄風而意興闌珊之時，朋友帶我們輕輕踅入一條小徑，五十步之後就看見一片草坡地，或許是黃昏漸涼，霧竟慢慢散去，我們逐步往左側高處走去，直到最高的地方，可以瞭望玉山登山口，這時霧已完全散去，可以完整的看見奧藍的天，天地逐漸陷入沉沉暮靄中，我則陷入自己的冥想裡。

天色完全黑暗之後，大部分的人已回到車道旁，還有三兩位朋友不忍離去，等著看星星如何點亮墨藍的天。

那時我們還不能預知九個小時以後，翌日凌晨四點我們又回到南側鹿林山最高處，等待日出。我們不僅可以看到阿里山那一邊，祝山上等待日出的燈火，天色漸明之後，還遠遠望見臺東的關山也在曙色裡逐漸明晰。更崇敬的心，我們在冷冽的寒風中等待太陽從玉山南峰升起。

又五個小時以後，我們竟從鹿林山草坡地中間切入，要去看一片鐵杉林，再經過一片白木林，抵玉山登山口。朋友跟我們談到山林植被演替的情形，說鹿林山這樣的草坡地，原是冷杉林、鐵杉林分布區，遭遇森林火災，林木被焚，箭竹則因為地下莖而避火，比其他草類更能迅速萌芽，因而形成箭竹與眾草共生的一大片草原，有名的八通關草原也是這樣而形成。只是，少了上層林冠的保護，土壤容易流失，岩石往往裸露。當然，這樣的土壤也容易有種子飛臨，只是不知道要多少年的時間才有可能再恢復為森林，森森之林。我們在一個多小時的腳程中，看到最原生的草原，單純的植被；最原始的鐵杉林，森冷得不能不讓人懷疑有著什麼樣的杉林精靈躲在杉林深處；最疏朗的白木林，火焚，日曬，風颳，雪侵，月久，年深，也不倒下。

只是一個多小時的腳程，我們同時看見幾百年歲月的更替，幾萬畝山林植被的演替，心中如何能不震顫？尤其是在走過茂密深邃的鐵杉林，看過有如千手觀音伸向無盡虛空的鐵杉，之後，迎面的卻是廣闊的草原，疏朗的白木林，多少年的火灼之痛，多少年的孤冷之苦，就在眼前，如何能不震顫？

我與康原因為腳程快一些，往後望去不見其他朋友跟上來，各自選擇一棵枯老的樹，就在樹下打坐，閉目，調息。只是腦海裡一直是逐漸擴大的白木林的身影，其中彷彿又有「原住民」三個字時時浮現，為什麼呢？白木林與原住民，什麼樣的關係？

直到走到玉山登山口，才想起那是余光中以「原住民」擬白木林的詩句，他將「白木林」擬人化，視之為「島上最崇高的原住民」，他說：

島上最崇高的原住民
排成這神秘的行列
是何時登山的呢，怎麼
不見了鬚髮和背囊？
究竟遭遇了怎樣的山難？
怎樣的火譴，那一次電殛？
是誰呢將魔咒一施，你們
就這麼僵凍在半空
撐著槎枒難解的手勢
見證著風勢，指點著洪荒
以無頂的藍頂為屋頂
一組最前衛的雕塑

多久以前就來到臺灣島，那白木林，那見證著風勢的原住民，指點著洪荒的手勢？我回頭再望一眼白木林，時與空，人與林，風勢與手勢，最原始的見證者竟也是最前衛的雕塑品！

——原載二〇〇一年十二月十一日《人間福報·覺世副刊》

誰是原住民？

余光中以「原住民」擬白木林，他將「白木林」擬人化，視之為「島上最崇高的原住民」，視之為「不見了鬚髮和背囊」的「神秘的行列」，他問：「究竟遭遇了怎樣的山難？怎樣的火譴，那一次電殛？」

這樣的登山客，人數不少，玉山、大霸尖山、雪山都可以遇到。這樣的原住民，好在只是詩人的譬喻，不是真正臺灣原住民的命運。

誰才是原住民？我們喜歡做這樣的思辨，嘵嘵不休地討論。詩人卻跳開這樣狹窄的思維，大自然才是真正的原住民。

唐朝潭州龍山和尚與洞山价和尚有過這樣的對話，倒也值得我們進一步沉思：

洞山价：「和尚住此山多少時？」
龍山：「春秋不涉。」
洞山价：「此山先住，和尚先住？」
龍山：「不知。」
洞山价：「為什麼不知？」
龍山：「我不為人天來。」
…………
洞山价：「和尚見個什麼道理便住此山？」
龍山：「我見兩個泥牛鬥入海，直至如今無消息。」

——《景德傳燈錄．卷八．潭州龍山和尚》

泥牛入海，還能有什麼消息？一切不都是像泥牛入海了無消息嗎？好笑的是泥牛還「鬥」而入海。我們還爭辯誰先來誰後到。

誰先來？

山嗎？和尚嗎？還是白木林？

漢人嗎？明末清初還是一九四七？還是我們今天所說的原住民？

誰後到？

誰知道未來還會有誰後到？

龍山和尚在這樣的談話之後，有一首示法詩：

三間茅屋從來住，
一道神光萬境閒，
莫把是非來辨我，
浮生穿鑿不相關。

當余光中以「原住民」擬白木林，他將「白木林」擬人化，視之為「島上最崇高的原住民」，我們都不能當真，不會當真，為什麼對人時，我們斤斤計較誰先來誰後到？

——那，再問自己一次：誰先來？誰後到？你嗎？山嗎？和尚嗎？還是白木林？

——原載二〇〇一年十二月十八日《人間福報·覺世副刊》

雲在青天月也在青天

作為一個高中國文老師，對於韓愈這個人物，應該是熟得不能再熟的教學客體，「文起八代之衰，道濟天下之溺」，「匹夫而為百世師，一言而為天下法」，在文學與儒學的領域中具有崇高無比的地位。文學上，去駢復散，振衰起敝，令人耳目一新；儒學上，尊儒排佛，振聾發聵，令人心靈一凜。能振衰起敝，又能振聾發聵，當然是震古鑠今的人物。

不過，人生倒也奇妙，韓愈的朋友柳宗元、韓愈的學生李翺等人，都隨著他努力去做「文起八代之衰」的工作，卻沒有人跟他一起「道濟天下之溺」，在觝排異

端，擯斥佛老的路上，他是踽踽而行的獨行俠。甚至於，更奇妙的，他的學生李翱（七七四～八三六）還是歷史上傾心向佛的名人，李翱的〈呈藥山禪師偈〉是很多人喜歡的作品，特別是最後那一句：「雲在青天水在瓶」，萬物和諧，自然自在的禪境，如雲之隨風而浮而遊，如水之隨物而屈而伸，引人嚮往：

鍊得身形似鶴形，
千株松下兩函經，
我來問道無餘事，
雲在青天水在瓶。

「鍊得身形似鶴形」是經過一翻修鍊之後身輕如鶴——鶴，身形消瘦、白淨、自有一股活潑潑的生命力，這時，來到千株松下，即使持有兩函經，也不一定要打開翻閱，眼睛平視出去：雲在青天水在瓶，雲、水、松、鶴、都在他應該在的地方，還會有什麼餘事？問不問道，已經沒有人懸念了！

這時，你會不會想到陶淵明的詩句：「採菊東離下，悠然見南山。」就因為那種無心、那種和諧、那種無牽無掛，悠悠然，不為什麼，南山呈現在眼前。那種美是身與心的和諧、天與人的和諧。如果要扭轉頭才能看得到南山，如果是心中起了見南山的念頭才抬頭，那都不是一種悠然。悠然就是千株松下無餘事，雲在青天水在瓶。

最近讀了宋元之際的石屋清珙禪師（一二七二～一三五二）的〈山居詩〉，清珙，俗姓溫，字石屋，蘇州常熟人。生於南宋咸淳八年（一二七二），卒於元至正十二年（一三五二），年壽八十一，他的〈山居詩〉中有以「月在青天」為意象：

著意求真真轉遠，
擬心斷妄妄猶多。
道人一種平懷處，
月在青天影在波。

他也認為「著意求真真轉遠，擬心斷妄妄猶多。」道人要的只是平靜心懷、放下心懷，悠悠然瞥見月光在天、月影在波，不轉念，不轉頭，不上下求索，任光影閃爍自己的閃爍。

否則，像岳武穆那樣只想著「三十功名」的「塵與土」，即使面對著「八千里路」那麼長的「雲和月」也無法怡然。

到底是「雲在青天」還是「月在青天」？我們要將自己陷在這裡嗎？

——原載二〇〇一年十二月二十五日《人間福報．覺世副刊》

禪意狗尾草

「狗尾雞」在臺北剛剛推出的時候，街上很多人在爭辯：到底是「狗尾雞」還是「雞尾狗」？

「臺灣禁止屠狗，所以不可能是雞尾狗。」

「有雞尾酒，就可能有雞尾狗。」

「對對，雞尾酒裡不一定有雞尾啊！」

「熱狗也不是狗啊！」

「長頸鹿美語中心也不會有長頸鹿在教美語啊！」

那，到底是「狗尾雞」還是「雞尾狗」？

因為一般人不認識「狗尾草」，才會爭辯到底是「狗尾雞」還是「雞尾狗」？還有人因為「狗」「九」的臺語同音，錯寫成「九尾雞」，那就更離譜了！

辭書上說：「狗尾草，一名莠，禾本科，一年生草本，高一二尺，分生小枝，莖、葉、穗均似粟而小，有芒，綠色。結實形似稗，可食，穗形似狗尾，故名。」小時候，我們社頭山野、屋角牆外，都可能看到穗形像狗尾巴的狗尾草，只是沒人注意它。祖母曾將狗尾草的莖、根部洗淨曬乾，拿它煮湯，湯裡放一小塊豬肉，我們叫做「狗尾仔湯」，小時候我怕草根的澀味，卻又貪嗜那一小塊豬肉，總是一口氣把湯喝完，再慢慢細嚼肉片。那時，我們家的餐桌上永遠只有三道菜：醬筍、蘿蔔乾、空心菜，一年三百六十五天難得有幾餐有魚有肉。魚與肉，是我們心中最大的想望。因此，這樣的一碗「狗尾仔湯」，那是多大的奢侈啊！

只是，那時我也不認識狗尾草。

只是，高二那年，祖母過世，我就再也沒喝過「狗尾仔湯」，那樣的滋味記憶竟是祖母愛的牽繫，我知道，在那樣貧困的年代，貧窮的人家也有愛，貧窮人家也有貧窮人家「愛」的進補方式。

「狗尾仔湯」，在淡出記憶的都城卻因為「狗尾雞」而甦醒。

「狗尾草」，在淡出記憶的都城卻因為「狗尾雞」而喚起。

《本草綱目》說：「莠，草秀而不實，故字從秀；穗形象狗尾，故俗名狗尾。其莖治目痛，故方士稱為光明草，阿羅漢草。」孔子說：「惡似而非者，惡莠，恐其亂苗也。」李時珍證明：「惡莠之亂苗，即此也。」狗尾草就是孔子所惡的莠草，卻是貧窮人家滋補的食品，貧賤家庭「愛」的人蔘。大地生養萬物，到底依據什麼邏輯，或許不是我們所能領會，我們所能領會的也許只是一代一代傳承的親情，富貴人家的人蔘，貧賤家庭的狗尾草，都是愛的發光體，都是愛的滋味永遠的記憶。

任何食物，因為有愛，所以才有滋味。

狗尾草苦澀，因為祖母的巧心與愛，才有了溫潤的甘美，芬芳的記憶。因為跟愛有了聯繫才有了真正難以忘懷的滋味。

吃過「狗尾雞」，認識狗尾草嗎？

元朝嘉定年間的和尚柏子庭曾有〈食筍〉詩：

食筍何人曾看竹，
登山獨我不尋泉。
叢篁個個皆瀟灑，
一掬焉堪補吐涎？

食筍的人哪一個曾抬頭看看竹呢？一叢叢的竹，一根根的可愛，一根根的瀟灑，我們只顧吃著嫩筍，卻不曾認識翠竹的勁拔。就像吃著狗尾雞的人，誰人認識狗尾草？誰人欣賞那像狗尾巴的白色穗花？更不要提柏子庭面對無主無禁的山泉也吝於一掬，寧願以多吞涎來解渴，期望山泉滔滔不絕、白浪滾滾到人間。

——原載二〇〇二年一月一日《人間福報．覺世副刊》

歸零的愛

近一個月來最熱門的話題是情色偷拍事件，很多人從法律觀點看此事，以為偷拍事小，散播事大；還有一些人從政治角度解讀，幕後黑手、意識鬥爭云云，煞有其事；最多人討論的則是煽情嗜腥的人性、人與性的糾葛。

男女之間的情事最難評斷，愛恨情仇最難估量，耶穌說：你們之中誰無罪誰就拿石頭砸那通姦的婦人。耶穌不一定贊成通姦除罪化，但作為一個通情達理的聖人，他知道不好拿捏的是人與人之間對感情的拿捏，不好掌握的是人與人之間對感情的理性掌握。如是，誰又能評斷誰呢？又有誰有資格拿石頭砸人呢？

大家沒有覺察的是：評斷，就是一顆無形的石頭。多少人一面看VCD，一面評述，不曉得已經砸出多少顆傷人的石頭而不自覺，不曉得其中的哪一顆石頭會回轉身來砸到自己亦無自覺。

大家更沒有自覺的是：看VCD，已經是砸出一顆可能會砸到自己的無形的石頭。

我們試著不加評斷，試著把這件事當作一面鏡子，試著在鏡子中看見自己。我找到元順帝至正十四年示寂的臨濟宗天如惟則禪師（一二八六～一三五四），他的〈示友人詩〉共有三首，其第二首，今日讀來，好像句句緊扣著這次情色偷拍事件：

逝水不復返，黃葉無重榮；
萬物有終極，浮生欲何成？
愛緣一染指，智慮常縱橫；
寧知昨日事，轉眼多變更。

聖人示攲器，稍滿還復傾；
及時不自惜，時去空傷情。

「逝水不復返，黃葉無重榮。」逝去的流水不會再回頭，枯黃的葉子萎落不可能再回到原來的枝椏上，這是大家都熟知的自然現象，男女之間的情愛不也像東逝的流水，當他散了也就散了，歸零也就歸零了，新竹、臺中隨他去，姓林、姓曾隨他去，「萬物有終極，浮生欲何成？」愛已經到了終點，勉力想要完成，終究是不可能的啊！雖然，水，經由多重轉化可能回到原來的流域；葉，經由多重轉化可能回到原來的枝頭，但是那已經不是原來的情緣了！何況，他不一定回到原來的軌道。

「愛緣一染指，智慮常縱橫。」這兩句話說盡了這次事件中三位主角甚具心機的智慮，又合又連的縱橫之術。情事本是心意之動，甜美之舉，如果加上心機智慮，加上合縱連橫，哪還有情真意切之美？就像面對一個又紅又美的蘋果，心動是美，追求是美，得不到就想毀棄她，那是邪惡，當然不是愛。愛，是積極的傳「授」「心」意，積極將愛心付諸行動；如果得不到，也只能是消極的內「心」領

「受」，默默承擔。這兩句詩中，愛、緣，都是正常的心性，但是「染指」二字一出現，智慮就開始忙碌，悲劇、不幸也就隱伏其中了。「寧知昨日事，轉眼多變更。」一夕之間，親密的友人、情人反成為敵對的寇仇；一夕之間，以揭發靈修罪惡而揚名的女士，反而毀在另一個靈修人的罪惡中；一夕之間，昨日事，今日變，一經染指，昨日是，今日非。豈不令人浩嘆！

「聖人示攲器，稍滿還復傾；及時不自惜，時去空傷情。」這四句詩運用古代君子放在座位右側、用以警惕自己不可自滿的攲器，《荀子．宥坐篇》提到孔子參觀魯桓公之廟，看到宥坐之器——攲器，孔子說：「吾聞宥坐之器者，虛則攲，中則正，滿則覆。」注水的結果，果如孔子所言，孔子喟然而嘆曰：「吁！烏有滿而不覆者哉！」再一次警醒世人守中則正，溢滿則覆，及時自惜，免得徒然傷情。

「逝水不復返，黃葉無重榮。」說的其實也是不要追求「滿」啊！

愛與緣，不可能「滿」；多好的智與慮，一樣有它的破綻啊！

——原載二〇〇二年一月八日《人間福報．覺世副刊》

拾得寒山：放空一切

唐朝貞觀年間有三位和尚，以世俗的眼光來看，他們是瘋瘋癲癲的和尚，第一位是寒山子，曾經是二十世紀六〇年代美國嬉皮人物崇奉的對象，《寒山子詩集》還是當時暢銷的詩集。寒山子曾居浙江天臺山寒山巖，與國清寺和尚拾得相友善，拾得就是第二位狀類瘋癲的和尚，他們兩人時相往還，穿著布裘、破鞋，頭上戴著樺樹皮做成的帽子，有時在長廊吟唱，有時在村野歌嘯，不在乎其他人的反應，其他人也無法了解他們的作為。

寒山子為什麼叫寒山子，一個連生平都不詳的人，恐怕他的字號更無法追索，

想當然耳，或許就因為他住在寒山巖吧！

「我家本住在寒山，石巖棲息離煩緣。」

「可笑寒山道，而無車馬蹤。」

「時人見寒山，各謂是瘋癲。貌不起人目，身唯布裘纏。」

「多少天臺人，不識寒山子。莫知真意度，喚作閒言語。」

拾得，卻真的是因為路旁撿到的所以叫拾得，豐干禪師在山中趕路，經過赤城路旁，聽到小孩哭聲，尋聲找到一個幾歲的孩子，還以為是牧羊人的孩子，一問之下才知道是不識父母被棄養的孤兒，豐干禪師就將他命名為「拾得」。寒山、拾得、豐干，因而被稱為「國清三隱」。豐干禪師後來離開國清寺，路上遇見臺州州牧閭丘胤，還曾囑咐他去拜謁寒山、拾得，說「寒山文殊，拾得普賢」，閭丘胤到官第三日，親自前往寺中見二人，一見到他們就禮拜，二人大笑說：「豐干饒舌，饒舌，阿彌不識，禮我何為？」兩人即走出國清寺，回到寒山巖，入穴而去，其穴自合，留下一段不可解的謎，也留下「豐干饒舌」的成語（公案）。這樣的一番機緣，促使閭丘胤編成《寒山子詩集》三卷，拾得作品也附在其後，他們的詩篇才因此留存下來。

寒山、拾得的奇事有幾樁值得提起：

拾得原在寺中掌管香燈，有一天，他竟然登上佛座，對佛而餐，又呼聖僧為「小根敗種」，因此被罰入廚滌洗器具。這種訶佛罵祖的行為，在禪宗世界或許可解釋為：放空一切。——如果後人也跟著訶佛罵祖，以為這就是放空一切，恐怕是被「訶佛罵祖」所定著而未放空。

有一天，拾得正在掃地，寺主問他：「汝姓什麼？住在何處？」拾得放下掃帚，叉手而立，寺主不知其意。——佛祖出世，不是一手指天一手指地，「天上天下，唯我獨尊」嗎？名號云云，也不過是為了方便辨識而已，「姓什麼？」也就沒那麼重要了；如果能活在當下，「住在何處？從哪裡來？」一樣不必考究。這，也是放空一切。

這時，寒山搥胸說：「蒼天！蒼天！」拾得問他：「汝作什麼？」寒山說：「豈不見東家人死，西家人助哀。」兩人作舞，哭笑而出。——其他人看了，說不定卻哭笑不得。不過，仔細想想看，東家人死，西家人助哀，不就是沒有「放空一切」嗎？而敢於「哭笑而出」，也是放空內心的一切才有的舉動吧！

拾得的詩：

無去無來本湛然，
不居內外及中間；
一顆水精絕瑕翳，
光明透出滿人天。

說的是無來無去、無內無外、也無所不在的「自性」，像水晶一樣無瑕無疵、無翳無礙、卻湛然清澈的「自性」——這不也是「放空一切」嗎？「放空一切」，所以「自性」才能透出光明，透出的光明才能充滿人天之間。

——原載二〇〇二年一月十五日《人間福報．覺世副刊》

詩題「無題」：放空一切

寒山子寫詩是因為心中真有所感隨手就寫，興之所至，寫在竹片、木片上，寫在石頭、山壁上，寫在村舍土牆上；興之所至，隨口而吟，鄉間曲徑，山丘林道，都是他賦詩之所在，因此他的詩無法安上題目，他的詩題永遠「無題」。

豐干饒舌，說他是文殊；閭丘胤多事，蒐羅寒山散落各地的作品都為：《寒山子詩集》。這樣的因緣，也讓人嘖嘖稱奇。是不是這世間就是要有人寫詩無題，還要有人去思考為什麼他寫詩無題，形成另一個因緣傳奇？

無題，不是無解。無題是不拘束理解的方向，可以突破限指，可以突破意涵，可以任想像無止盡去飛馳，在某一個未限定的空間或許碰到自己的因緣，這樣的因緣或許也不需要加以期許。

無題，也不一定就沒有可以理解的方向。無題是這個方向可以理解，換個方向有另一個方向的理解，再換，又有更新的境界，再換，又有不同的月升月落、花開花謝。

無題，是真的放空一切：

吾心似秋月，碧潭清皎潔。
無物堪比倫，教我如何說？

寒山子說，我的心就像秋月那樣明亮光華，就像碧潭那樣清澈皎潔；秋月之下，空無一物，碧潭之上，闃無人聲。只是心性的明亮、皎潔，又豈是秋月、碧潭可以比擬，勉強以秋月之明、碧潭之清比擬，又怕別人執著以為那就是自性的光潔，鎖死了自性，以為自性的光潔也不過如月之明、如潭之清而已。因此，怎麼說呢？不如我們也學會放空一切，或許可以略略體會！

不如我們換另一首詩，另一種說辭，試著再加體會：

碧澗泉水清，寒山月華白。
默知神自明，觀空境逾寂。

「碧澗泉水清，寒山月華白」，水清月白，仍然是自性最好的圖像境界，默默加以體會，心神更加明澈，靈臺更加清寂；如果能夠以無相妙慧去觀照這樣的無相之境，內心與外境並寂，緣與觀共空，這就是自自然然放空之時，自自然然放空的境界。

原先寒山子寫詩根本無題，那才真是無題，後人以「無題」引用他的詩篇，以編號排比他的詩篇，其實那已經有了「無題」或號碼這樣的題目，我們應該試著放棄「無題」這個題目，甚至於放棄「碧澗泉水清，寒山月華白」這樣的詩境，去領會自性。一時之間還不可能不依恃外物而攀緣，那也只好默默領會「碧澗泉水清，寒山月華白」那樣清靜皎潔的心性，以「無題」之「題」觀空「無題」之「無」。

——原載二〇〇二年一月二十二日《人間福報．覺世副刊》

枯桑知天風，海水知天寒

學生拿著《人間福報》問我：老師，你寫的文章，隱隱約約我們也可以知道你在說的道理，可是，那些詩都不是我們所熟悉的。有沒有可能，你用我們讀過的詩篇說說禪理？

這倒是很好的質疑，一般的詩篇中可不可能蘊含著禪理？

學期末了，我們正在上樂府詩〈飲馬長城窟〉。我問他：題目（〈飲馬長城窟〉）中的「飲」要唸第幾聲？

他說：第四聲。「飲馬」是請馬喝水，讓馬喝水。

〈訓儉示康〉中魯宗達「就酒家觴之」的「觴」是什麼詞？

動詞。不對，是名詞當動詞用。

如果改用「飲」，「就酒家觴之」改成「就酒家飲之」，這時，「飲」要唸第幾聲？

第四聲吧！學生不太敢肯定。

對，第四聲。「就酒家觴之」就是「到酒店請朋友喝酒」。

我再問學生：「就酒家觴之」的「之」是代名詞，它代的是「酒」還是「友」？

「酒吧！」學生不置可否。

「是嗎？」我反問：「就酒家觴之」就是「就酒家飲之」，「之」如果是「酒」，「就酒家飲之」只是單純的「到酒店喝酒」，哪有請朋友？

所以，「就酒家觴之」就是「就酒家飲友」，到酒店請朋友喝酒？

對。

老～～師，那跟禪有什麼關係？

你不覺得「飲馬」、「飲友」，請馬喝水，請朋友喝酒，都用相同的句型，就是把馬當成人一樣看待嗎？

那就是禪嗎？

不是，應該說是禪的體會，處處都可以體會眾生平等，體會：以待人的態度對待萬物。

我們翻開課本，看看詩的文本：

青青河畔草，綿綿思遠道。遠道不可思，夙昔夢見之。
夢見在我旁，忽覺在他鄉。他鄉各異縣，輾轉不相見。
枯桑知天風，海水知天寒。入門各自媚，誰肯相為言。
客從遠方來，遺我雙鯉魚。呼兒烹鯉魚，中有尺素書。
長跪讀素書，書中竟何如？上言加餐飯，下言長相憶。

你最喜歡這首詩的哪一句？

開始的兩句：「青青河畔草，綿綿思遠道」我就很喜歡了。「枯桑知天風，海水知天寒」我也很喜歡。

為什麼？

不知道。就是喜歡。說不上來。

以「青青河畔草，綿綿思遠道」來看，為什麼會「思遠道」？因為「遠道」借代為遠方的人，思念自己的情人，所以連他所在的地方都成為思念的對象。「綿綿」兩個字是「雙關」用法，草綿綿，思也綿綿。這都是以同理心看待人與物的文學手法，這其中就有禪意在。再看「枯桑知天風，海水知天寒」不也是這樣嗎？人與枯桑都知道天風淒厲，人與海水都知道天候寒凍，人與物，物與人，都有相同的感受，這不就是「無緣大慈」、「同體大悲」？

學生似懂非懂，拿著書本離開了。

我則在想：師與生的對話是禪與詩的對話嗎？

下一堂課是單課測驗，我一面監考，一面隨意翻閱班級圖書箱裡的藏書，讀到林清玄《拈花菩提》的〈感同身受〉，他說：「秋天的時候，我們站在蘆葦叢中是不是和蘆葦一樣感到秋風的淒涼？我們站在楓紅層層裡，是否也看見了我們被寒風凍紅的雙頰呢？」這不就是現代的、秋天版的「枯桑知天風，海水知天寒」嗎？

「那麼，我們又何能冷漠的、孤傲的生活在人群裡呢？」

師與生，古與今，禪與詩，天與人，不是一直都這樣對話嗎？

——原載二〇〇二年一月二十九日《人間福報．覺世副刊》

年年年尾接年頭

日常行事我們已經習慣依循國曆，特別是七天一循環的週曆，幾乎掌握了現代人的作息，譬如訂約，誰不說「這個週末」、「下週三」之類的話語，如果定的是兩個月以後的日期，一定也要問問是禮拜幾。舉世都在週休二日，臺灣何能成為特例？七的循環，成為全世界大家共同的週期。

納入一個大循環，行事變得簡易，工作五日，休息兩天，大家都這樣，又有什麼好爭議？

幸運的是，臺灣還有自己的農曆，自己的二十四節氣，小暑、大暑或許可以不

加以搭理，清明、冬至卻多少影響了我們的生活秩序，端午、中秋甚至於改變腸胃的適應能力，不能忽略的是：年依然是一隻不能忽視的怪獸，過年，會使我們在大循環之中能有一個小小的喘息，這一短暫的歇息對未來的生活可以投入新沖激。

國曆新年，我們依然在工作中，我們要更仔細地策畫明年，未來的新日子，不得稍歇。農曆除夕則完全不同，受傷的心可以回到親人的懷抱，迷路的羔羊可以回到家的溫室中思考方向，就像大自然中生命力的追尋，有時昂揚，有時低抑，有時則沉潛自己，蓄積實力。農曆新年就像大自然的時序，冬日的最後需要一個大紅的火爐，分散的水流需要一個大池塘匯聚，我們在除夕的這一天，看見奔流出去的血又回到自己的母體。

除夕，團聚；年底，放下一切，歇息。

農曆年，符應自然的規律，是息而後生生不息。所以，年年難過也都因為除夕而能年年過。明末清初，山茨通際禪師的〈除夕〉詩為我們帶來新春的訊息：

春回幽谷見梅新，
雪水煎茶樂不勝。
誰道夜深年是盡，
曉來依舊日東昇。

「天上月圓，人間月半，月月月圓逢月半；今夕年尾，明朝年頭，年年年尾接年頭。」用舍、行藏、榮辱、生死，無不如此。

夜深了，年盡了，我們在完全的歇息之後，迎迓旭日東昇。

——原載二〇〇二年二月五日《人間福報．覺世副刊》

特輯

詩話禪緣

「寸絲不掛」在「紅爐一點雪」中「磨磚成鏡」「南泉斬貓」后「吃茶去」吧

管管

那石頭「禪心已做沾泥絮，莫向春風舞鷓鴣。」他能在雪中取火。就能鑄火為雪。不是一番寒徹骨，那得梅花撲鼻香。如果凍出凍瘡就用獾油吧。千峰頂上一間屋，老僧半間雲半間。（雲真聽話？）昨夜雲隨風而去，（他們白天不下雨？）到頭不似老僧閒。（小心久坐成痨喲？）他們蓋房子已經數過，不是千峰頂上不蓋，很累人的嘛？

蘇東坡說：「若言琴上有琴聲，放在匣中何不鳴？若言聲在指頭上，何不於君指上聽？」這很妙，如果琴是啞巴呢？這裡蕭蕭提到六祖慧能看見兩個小和尚提到「風動幡動」公案，目盲耳聾皆不知也。六祖智慧，他說「心動」！好吧！拿心出來看看吧？可那心又「覓心了不可得」。達摩說：「俺已經把你的心安好了。」無心可安，才是安心。雲無心以出岫。陶潛真是厲害，他能看到無心雲？

帶著幾粒「庭前柏樹子」，穿著「青州布衫」還有「麻七斤」一塊「乾屎橛」提著「瓶中鵝」，「吃茶」後，就「空手把鋤頭。步行騎水牛。人在橋上走。橋流水不流。」拿出「本來面目」，去看蘇軾的：

廬山煙雨浙江潮，
未到千般恨不消。
到得還來無別事，
廬山煙雨浙江潮。

蕭蕭說不知當初東坡寫這首詩是否想到青原惟信禪師有名的一段話：「老僧三十年前未參禪時，見山是山，見水是水。及至後來親見知識，有個入處，見山不是山，見水不是水。而今得個休歇處，依前見山只是山，見水只是水。」原來如此，本來面目。

詩人教授蕭蕭君子這冊《詩話禪》要愚寫序，俺又野又粗又蠢，尤其是禪這東西更不敢碰，細讀他的文章又覺得新鮮可口，有機果蔬，活潑天真，充滿了童趣禪趣，所以就文抄公一番，好文章應該分享，當今之世，熱鍋上螞蟻，亟需這種冰涼有味的冷飲斬斬火氣。成道成佛成仙不易，少生點氣就好。

「道得也三十棒，不道得也三十棒。」

左也布袋，右也布袋，放下布袋，何等自在！

放下吧！放下的好，多累呀，快快放下吧！

二〇〇二年三月三日于邋遢齋

——原載《詩話禪》（臺北：健行文化出版公司，二〇〇三）序之一

【詩話】

生活的體會與生命的感悟

李瑞騰

蕭蕭答應《人間福報》的〈覺世副刊〉寫專欄，取名「禪與詩的對話」，每週一篇。他都用電腦寫稿，直接電傳，寫完一整年，得五十篇，順序略作一點調整，編成一集，請三個朋友各寫一短文當序，交健行出版社出版，於是一本《詩話禪》出現在書肆。

這事說來簡單，彷佛三言兩語就可以交代完了，但仔細想想，有許多地方不那麼清楚：首先，《人間福報》的副刊怎麼會想到而且決定找蕭蕭寫專欄？蕭蕭又怎麼會答應？他是接到訊息的當下二話不說就答應？還是有一段時日的深思熟慮？其次是，他怎麼會想要寫這麼一個性質和內容的專欄？對於禪與詩，他曾作過長久的研究嗎？有沒有可能是想到用寫專欄的機會，逼自己讀些這方面的書？他是原來就有很多材料在身邊？還是為了這回寫作才去搜尋相關資料？再來就是他打算怎麼寫這專欄文章，是原來就有完整計畫？還是一篇衍生一篇？還是隨想隨寫？而每一個單篇又如何會寫成這個樣子？

進一步再問：蕭蕭準備結集出版，整理剪報之際有沒有修改自己的文章？他為什麼選擇健行？健行又為什麼接受？是否曾給蕭蕭什麼樣的編輯建議？為什麼找簡銳旺來設計封面？他這一次的設計理念是什麼？然後啊！很重要的問題是：讀者怎麼看這本書？如果他讀下去了，他可以從中獲得什麼知識和啟示？

誰能完整回答這一連串的問題？即使是蕭蕭本身想必也很難，他是寫作者，相對於原副刊及出版社的編輯，他只對自己的文章負責；個別篇章之寫作，整本書之構成，實際的情形如何，讀者也不必一定要知道，他們的閱讀與品評，完全是他們自己的事。

我當然也是蕭蕭的讀者，但不是普通的讀者，我和他有三十餘年的深刻交情。

這些篇章原先發表時，我每篇都拜讀，現在又整個一起看，體會特多，我想到有一些背景，也許有助於讀者的閱讀，願在此略作敘述。

眾人皆知，蕭蕭是一位中文教師，寫過許多散文，也出版過詩集，編過詩刊及詩文選等。此外，他是一個出色的詩評家，出版有十餘冊現代新詩的評論集。他是中文系出身（輔大），獲有文學碩士學位（臺師大）。

他所編寫大部分是「現代的」，但《詩話禪》中的禪詩主要是「古代的」作品，這是他比較不被人們所了解的部分，但很重要，我的學生陳政彥研究蕭蕭的現代詩學寫成碩士論文，就清楚將其詩學溯源到古典詩學，原來蕭蕭當年在碩士班階段曾研究司空圖《詩品》（一九七〇），早就指出司空圖在「不著一字，盡得風流」的禪思與道學之提倡，特講求韻外之致與味外之旨，「此乃二十四詩品之中心旨意也」，影響嚴羽（滄浪）、王士禎（漁洋）等一脈相傳的以「神韻」為重的詩觀，其實正是建立在詩禪關係的「以禪論詩」一派。

不只如此，蕭蕭曾有述評中國歷代詩話的計畫，後來雖只完稿數篇，但已可證他的古典詩學素養之深厚。不只詩論，對古典詩的理解亦極精到。猶記一九七〇年代後期，我為故鄉出版社策畫「古典四書」——中國文學小叢刊，請他寫《中國古典詩歌中的色彩》，他以《青紅皂白》為名，擇三十首作品分析之，談色彩與詩情，開出一片花紅柳綠的詩歌天地，充分展現他的古典詩之解讀能力。

二十世紀九〇年代的最後幾年，蕭蕭主編《臺灣詩學季刊》，連續策畫了兩期的「禪與詩的對話」專題，發表現代禪詩，討論禪與詩，不只是匯通古今，而且將文學與佛學加以融合，為臺灣現代詩學開出一新的領域。

蕭蕭在新世紀伊始重新思考禪與詩的關係，距離當年研究司空圖已逾三十年了，除了古典詩學，加入了豐富的人生哲理，由於回歸到生活的體會和生命的感悟，非常親切易懂，亦含不盡之意，對讀者當有更深遠的啟發。

如此看來，蕭蕭《詩話禪》的出版早就有他的因緣，書中所述也自有他的因緣，讀者諸君與我能同時讀到這本書，那又是另一番因緣了。

二〇〇三年元月於中壢中央大學

——原載《詩話禪》（臺北：健行文化出版公司，二〇〇三）序之二

【對話】

白雲深處

楊錦郁

二〇〇〇年底，我因緣到了《人間福報》，想幫忙〈覺世副刊〉的主編滿濟法師，邀約一些文壇朋友來耕耘這塊清新的園地。

當時，《人間福報》是一份新成立的報紙，人力資源及經費皆有限，擬增幾個深度的專欄，卻礙於稿費較低，不敢輕易向作家開口。後來，念頭轉到周遭寫作的朋友，請他們務必幫忙，蕭蕭便是其中之一。他爽快答應了，就這樣，「禪與詩的對話」一週一次，開啟我及讀者去觀照周遭的事物，每每沉浸在他優美的文字，讚嘆不已。

收輯在本書中的文章，在報紙刊載時，我皆已細讀過。彼時，只感受到片段的時空和心情，而今整體觀之，頗能體會一個詩人面對生活的慧心。

認識蕭蕭已逾二十年，對他的工作、寫作和家庭並不陌生，但卻一直到仔細閱讀完本書，才算稍微讀進了他的心思。

做為半輩子以教書為業的蕭蕭，他的生活空間其實很簡單，可是從他筆觸所鋪演的天地，又往往令我訝異簡單中所蘊含的豐富哲理。

從第一篇〈芹菜的行蹤〉開始，我隨著他走過學校的穿堂、自家的陽臺、山間林邊、走馬瀨、九寨溝等，在居家或旅行中，隨處從簡單的事物中體會禪思。

本書以詩和禪為書寫主題，詩易詮釋，禪卻莫測，解也解不清，其實，它卻又是一個最簡單的概念，敬重萬物，自然而已。順性自然，四時自然，萬物自然。

也因此在〈芹菜的行蹤〉中，芹菜可以向我們表白：「我是芹菜」的身分；在〈為愛尋光〉中，過年可以突破傳統的觀念，不在家團圓，到走馬瀨去，而到那裡有條條大道，因為適心適性，年便過得開心極了。

蕭蕭在本書中，除了從生活細處，舉證「生活悠閒，無所不在」，「何處不悟道」，提升精神的愉悅。更循由他熱愛的大自然，信手拈出令人動容的景致：在〈不疑桃花〉，他寫到：「樹葉上沾濡著水珠，這樣的圖像是世界的美景之一。」

在〈卻聽泉聲戀翠微〉，寫著：「山，大地上最值得翻閱的一本書；有山有水，是有聲有色的一本書。」其他如〈人與心俱閒〉、〈潭影「空」人心〉，光讀標題，便充滿了令人澄心定慮的禪意了。

步入中年，我的心境逐漸由繁華趨向簡單，雖然仍無法看破人世間情感的羈絆，揮不去內心深處無常感的陰影，讀著蕭蕭在書中所提到的「有無相生」、「花開花謝」、「不用否定法」、「月圓月缺，時時處處都是出口」，不免有醍醐灌頂般，頓然清醒。

我想蕭蕭是非常清醒，理性不失感性地與人世、自然共生，他不自外於萬物，不制約於俗世。他的心自由自在的悠遊於書本與天地間。由於兼擅中國文學與詩學，使得蕭蕭在本書中能出古入今，用詩般優美的語言詮解古今不變的哲思。

蕭蕭喜愛白雲，因為我們能進入白雲裡，幻化各種想像，白雲也能進駐我們心中，讓我們的心如浮雲般輕盈。做為一個先讀為快的讀者及朋友，我最大的收穫是懂得隨著他的目光，「抬頭看高山，白雲人家。」

——原載《詩話禪》（臺北：健行文化出版公司，二〇〇三）序之三

晨星文學館073

禪花釀蜜

作　　者	蕭　蕭
內頁插畫	王　灝
主　　編	徐惠雅
校　　對	蕭　蕭、曾一鋒、徐惠雅
美術編輯	張芷瑄
版面排版	黃偵瑜
創 辦 人	陳銘民
發 行 所	晨星出版有限公司 407台中市西屯區工業區三十路1號1樓 TEL：04-23595820　FAX：04-23550581 Email：service@morningstar.com.tw http://www.morningstar.com.tw 行政院新聞局局版台業字第2500號
法律顧問	陳思成律師
初　　版	西元2025年01月20日
讀者專線	TEL：02-23672044／04-23595819#212 FAX：02-23635741／04-23595493 E-mail: service@morningstar.com.tw
網路書店	http://www.morningstar.com.tw
郵政劃撥	15060393（知己圖書股份有限公司）
印　　刷	上好印刷股份有限公司

定價　380 元

ISBN 978-626-320-984-8
Published by Morning Star Publishing Inc.
Printed in Taiwan

線上回函

國家圖書館出版品預行編目資料

禪花釀蜜/蕭蕭著 -- 初版. -- 臺中市：晨星出版有限公司,
2025.01
面；　公分. -- (晨星文學館；73)

ISBN 978-626-320-984-8 (平裝)

224.517　　113016351